浙江文化艺术发展基金资助项目

PROJECTS SUPPORTED BY ZHEJIANG CULTURE AND ARTS DEVELOPMENT FUND

浙江文化基因丛书

吴越 ◎ 主编

富春精粹

富阳文化基因

陈明　王红芳 ◎ 编著

杭州出版社

图书在版编目（CIP）数据

富春精粹：富阳文化基因 / 陈明，王红芳编著．
杭州：杭州出版社，2025. 1. -- （浙江文化基因丛书 /
吴越主编）． -- ISBN 978-7-5565-2730-4

Ⅰ. G127.554

中国国家版本馆CIP数据核字第2024MB1491号

FUCHUN JINGCUI——FUYANG WENHUA JIYIN
富春精粹——富阳文化基因

陈明　王红芳　编著

策　　划	屈　皓
责任编辑	夏斯斯
文字编辑	沈晨跃
责任校对	陈铭杰
装帧设计	屈　皓　王立超　卢晓明
责任印务	王立超
出版发行	杭州出版社（杭州市西湖文化广场32号6楼）
	电话：0571-87997719　邮政编码：310014
	网址：www.hzcbs.com
排　　版	杭州立飞图文制作有限公司
印　　刷	天津画中画印刷有限公司
经　　销	新华书店
开　　本	710mm×1000mm　1/16
印　　张	19.5
拉　　页	1
字　　数	286千
版 印 次	2025年1月第1版　2025年1月第1次印刷
书　　号	ISBN 978-7-5565-2730-4
定　　价	68.00元

"浙江文化基因丛书"编委会

吴　越	叶志良	贾晓东	陈　明	孙　琳
沈　军	葛建民	缪存烈	乐　波	赵柯艳
王　俊	陆　莹	林华弟	章鹏华	盛雄生
陈贤敏	胡宏波	周　洁	胡凌凌	王军伟
柳虹羽	屈　皓	庄文新		

（排名不分先后）

"浙江文化基因丛书"序

习近平总书记指出："支撑5000多年中华文明延绵至今的，是植根于中华民族血脉深处的文化基因。"① 浙江是中华文明的重要发源地之一，文化底蕴深厚，文化名人辈出。一叶红船从嘉兴南湖驶出，在时代浪潮中驭势而行；沿"唐诗之路"踏歌而行，千古诗篇回响在山水之间；还有良渚文化、宋韵文化、上山文化、黄帝文化、南孔文化、和合文化、阳明文化、丝瓷茶文化、古越文化、吴越文化……这些文化基因，共同铸就了浙江的"根"和"魂"。

2024年3月6日，浙江省文化广电和旅游厅印发《浙江省文化基因激活工程实施方案（2024—2026年）》，这是继2020年浙江省文化和旅游厅印发的《浙江省"文化基因解码工程"实施方案（试行）》《浙江省"文化基因解码工程"工作导则》和2021年8月浙江省文化和旅游厅印发的《建设文化标识推进文旅融合行动计划（2021—2025年）（试行）》之后，为更好担负起新时代新的文化使命，深入贯彻省委十五届四次全会部署，在全省实施的又一项文化基因重大工程。

---

① 习近平：《携手建设更加美好的世界》（2017年12月1日），人民出版社，2017年，第3页。

文化基因解码工程,是文化基因激活工程的坚实基础。文化基因,顾名思义,是指从文化形态切入,厘清其历史渊源、发展脉络、基本走向,从物质、精神、制度要素,语言和象征符号等进行分析、解码所提取的关键知识内核。文化基因解码,围绕中华优秀传统文化、革命文化和社会主义先进文化,按照3个主类、20多个亚类、约100个基本类型分别归档,确保历史年代、地理位置、流布范围等数据均记录在册,挖掘、研究、阐释优质"文化基因",对全省文化资源进行全面梳理。这是一项集"查、解、评、用"于一体的综合性系统工程。全省开展90个县市区的文化基因解码任务,包括文化元素调查、文化基因解码评价、《文化基因解码报告》撰写、证据资料汇总保存建档等,并在此基础上建成"浙江文化基因库"。文化基因解码,起于"查",终于"用"。"查"就是铺开"一张网",广泛收集区域内的文化资源,作为"解"的对象。"解"重在找准四大要素,提取一组基因。四大要素是指物质要素(如原料、工具、环境等)、精神要素(如思想观念、群体性格等)、制度要素(如乡规民约、族规家规、礼节礼仪、表演技艺、创作技法等)、语言和象征符号(如方言、图形、标志、表情、动作、声音等)。通过对四大要素的分解梳理,遴选重点文化元素作为解码对象,从中提取出关键性的知识(技术)点。然后通过对选择的文化基因解码,从生命力、凝聚力、影响力、发展力四个维度进行质量评价。最终用基因塑造IP,以文旅IP开发作品、设计产品,以作品、产品点亮城市生活、赋能乡村振兴。浙江以文化基因为根、文旅融合IP为脉,打造了一条以城带乡、城乡互促的发展闭环,推动文化资源的"活化"利用,把解码成果与提高人民群众生活品质相结合,这就是"用"。以人文之美推动精神之富足,增强浙江高质量发展建设共同富裕示范区的文化自觉。

显然,文化基因是传承和创新的基石。文化基因作为一个社会文化系统的逻辑起点,是一个社会存在和进化、变革和发展的决定力量。文化基因解码就是要把社会文化系统中所表现出来的文化形态、思维方式、行动模式、礼仪符号、风俗习惯等加以还原,揭示其本初原因和底层逻辑。改革开放四十余年来,浙江出现了令人瞩目的"浙江现象",表现为快速的经济增长、蓬勃的发展活力、和谐的社会环境、显著的民生绩效。"浙江现象"源于浙江精神和浙江的文化基因。正确界定、充分挖掘浙江文化的内涵价值,解码浙江的文化基因,对于构建起有效支撑文化建设和旅游发展的"四梁八柱",推动文化建设和旅游发展各项指标持续名列全国前茅,着力建设新时代文化高地、中国最佳旅游目的地、全国文化和旅游融合发展样板地具有重要而深远的意义。

如何寻找突破口?各地在选"码"、解"码"、用"码"的整个闭环中,成立解码专项小组,构建"乡土专家+高校资源+系统人才"三方协作机制,高效推进解码工程。首批编辑出版的"浙江文化基因丛书"中汇集的富阳、南浔、南湖、绍兴、瑞安、平阳、苍南、普陀、岱山、嵊泗、定海、临海、南孔圣地、开化、常山、金华(经开区)、遂昌、云和、景宁、宁波江北等地的研究成果,正是在归纳总结、科学分析浙江文化基因的基础上,探索文化基因解码的方法和路径,同时从人类学、社会学的角度,运用现象学原理,在哲学层面进行解构、剖析,既有理论深度,又能方便应用。丛书勾勒出各地推进文化基因解码工程的概貌。成果本身的内容、方法、转化等，对各地都有很强的示范作用和借鉴意义。

可以说，"浙江文化基因丛书"中的成果，以浙江文化高质量发展为目标，以融合发展为重点，紧扣激活优秀文化基因，以文化基因的挖掘利用赋能文化事业和文旅产业发展，为我省文旅发展再上新台阶、为文化浙江建设贡献了力量。

叶志良

2024年秋于杭州

目 录

前 言	001
黄公望与《富春山居图》	003
新登古城	021
富阳竹纸	039
龙门古镇	055
孙权与东吴	073
郁达夫故居	087
孝子祭	103
徐玉兰与徐派越剧	117
东梓关古村	129
抗日战争胜利浙江受降纪念馆	149
罗隐传说	159
《与朱元思书》	171
《新城道中》	183
新四军两渡富春江	197
二董文化	211
富阳蚕桑丝织文化	227

安顶云雾茶	241
朱三与刘二姐	255
张氏正骨疗法	265
文澜阁《四库全书》抗战首迁地渔山	283
"浙江文化基因丛书"后记	294

前　言

"天下佳山水，古今推富春。"富阳，古称富春，置县于公元前221年，至今已有2200多年的历史。在这里，一川如画的富春江横贯其间，上通千岛湖，下达杭州湾，碧波荡漾，青山润朗，天下独绝。千百年间，这里先后孕育出三国大帝孙权、晚唐诗人罗隐、宰相董氏父子、爱国作家郁达夫等一批名人雅士，亦有南朝才子吴均、北宋文豪苏轼、元代画家黄公望在此流连忘返，留下超绝古今的文学和绘画作品。走进富阳，千年新登古城、千年龙门古镇、孝子周雄故里等名胜古迹遍布，讲述着两千多年来富春大地上的恢宏历史和曲折故事。

立足富阳地区深厚的文化积淀，通过全面调研、挖掘、记录，我们一共梳理了富阳文化元素191个，涉及3个主类、20个亚类、43个基本类型，覆盖了中华优秀传统文化、革命文化、社会主义先进文化3个类型，基本描绘出富阳的文化脉络。

本书着眼于文化基因激活和高效率转化、高水平应用、高质量发展，围绕以黄公望与《富春山居图》、孙权与东吴、孝子祭、郁达夫故居、新登古城为代表的20个重点元素展开论述，为建立文化基因转化利用长效机制，实现文旅深度融合和效益转化打下了良好基础。

陈 明

2024年3月 富春江畔

黄公望与《富春山居图》

富春精粹 富阳文化基因

黄公望与《富春山居图》

黄公望（1269—1354），中国元朝著名画家。他原姓陆，名叫陆坚，父母早逝，大约八岁就过继城西小山东麓的黄乐。黄氏收养黄公望时已九十高龄，但尚未有子嗣，故喜称："黄公望子，久矣。"于是将其改姓更名曰黄公望，字子久，来纪念这一段难得的父子情缘。黄公望自幼多才，天资聪慧，并且有着勤奋耐心的品格，这使他在文化方面有着极高的天赋。杨维桢的《西湖竹枝词》中描述他为"天资孤高，少有大志"。他在诗词、音律、书法等各个方面都造诣颇深，且从小就有远大的政治抱负，希望在官场上干一番大事业。

然而，宋朝的灭亡使文人的地位发生了翻天覆地的变化。灭宋建元的蒙古族自幼在马背上生存，居无定所的游牧生活使他们少有文化，因此对文人很不重视。元朝建立前期停废科举制，文人做官的通道被阻塞，治国平天下的理想再也无法实现。

生活在这一时代的黄公望也仕途无门，20多岁时才出任了浙西的一名书吏，40多岁时才得到江浙行省平章政事张闾的赏识而出任御史台下属的察院书吏。然而，他的这名上司因贪污成性而被人告发。黄公望作为书吏也受到牵连，被打入大牢，险些丧命。出狱后，年近50岁的他心灰意冷，绝了仕途之念，混迹于全真教中。他以大痴道人为号，从此淡泊名利，过着隐士的生活，游历于山水间，作书作画以供消遣。同时，黄公望还兼算命测字的工作，与崇尚儒教、佛教和道教的文人都有来往。

黄公望的绘画生涯起步较晚，他并不以绘画为专业，在60岁以前基本没有画作流传于世。在游历名山大川的过程中，他对山水画产生了很大的兴趣，于是转而学画，走上了艺术创作之路。他的学画经历颇具传奇色彩，曾先后师法董源、巨然，兼修李成法，后得赵孟頫指授。他借鉴了这几位名家的画作风格，惯用披麻皴手法，使得画中山水的层次感以及艺术感都达到极高境界，留下了《富春山居图》《九峰雪霁图》《春山欲雨图》《松亭秋爽图》等名作。在创作山水画之余，黄公望还撰写《论画山水》《写山水诀》等著作，归纳了画石、画山、画水、画树、画屋舍及笔墨用法等法则，为后人学习提供了典范。

《富春山居图》是黄公望于1350年创作而成的纸本水墨画，是中国十大传世名画之一。此画是黄公望为师弟郑樗（字无用）所绘，几经易手，后因"焚画殉葬"而身首两段。前半卷为剩山图，现收藏于浙江省博物馆。后半卷为无用师卷，现藏台北故宫博物院。《富春山居图》以浙江富春江为背景，画面用墨淡雅，山和水的布置疏密得当，墨色浓淡干湿并用，富于变化，被誉为"画中兰亭"，是我国国宝级文物。

一、要素分解

（一）物质要素

1. 风雨飘摇的时局与环境。黄公望生于风雨飘摇的宋元鼎革历史时期。1279 年，黄公望 10 岁出头时，南宋彻底灭亡。最后一位皇帝赵昺被丞相陆秀夫背起投海自尽于广东厓山。短短十年间，黄公望的身世也像南宋一样在历史的大潮中历经波折。他本来是姑苏琴川子游巷陆家次子，因家贫在约 8 岁时被卖并过继给浙江温州的黄家为嗣。在元代，一直由汉人主导的封建社会统治阶级被蒙古族所取代。习惯迁徙、崇尚武力的蒙古族在经济、政治、文化上都迥异于汉族。被这样一个在马背上生活的民族统治，大多数汉人是不能接受的。因此，当时的社会矛盾不仅仅局限于阶级矛盾，也表现在民族与民族间。与此同时，重文轻武的民族传统使蒙古族统治者在政治上极力打压、排挤文人，甚至取消了文人实现从政报国的选拔途径和上升通道——"科举制度"。这对于靠科举晋升的文人来说是当头一棒。在文人士大夫中产生了两种价值倾向——耳目声色的享乐主义和隐逸退避之风。以黄公望等人为代表的文人群体是后者的代表。他们看不惯世道之多变，不满于被游牧民族统治，内心充满着文人志士的高风亮节以及失意之后的释然和觉悟，于是选择退隐山林，不问世事，与自然合而为一。而正是这种弃政归隐、纵情山水的隐逸心态，为文人画的创作打下了坚实的基础。此后，诸多杰出的画作流传于世，尤其是旷世杰作《富春山居图》举世瞩目。黄公望、倪瓒这些伟大的画家脱颖而出，成为元代黑暗政治制度中闪耀的艺术之光。

2.山水秀丽、雄奇壮观的自然环境。画家的创作灵感、艺术风格都源于他们所处的自然环境。富春江地处中国东南部，气候湿润，降水丰富，造就了富阳"天下佳山水，古今推富春"的美誉。孙文定在《南游记》中对富春山川有这样的记载："富阳之山，雄壮似燕秦诸塞，而青翠过之。富阳以南，川势渐窄，两山对峙，一水中流，群峰倒影，上下皆青。出东梓关，势渐开，远近布列，山皆妍媚，由富阳舟行，人在船中，高视远眺，不能坐卧。偶值偃仰，两岸之山，次第从船窗中过，如画图徐展，舟行之乐，无逾于此。"黄公望曾结庐的赤亭山更是山势巍峨，怪石嶙峋，雄奇壮观。正如南朝梁吴均所说："风烟俱净，天山共色。从流飘荡，任意东西。自富阳至桐庐一百许里，奇山异水，天下独绝。"优美的自然环境吸引了黄公望。他久居于此，画出了以富阳山水为题材的《富春山居图》《秋山招隐图》《富春大岭图》《筲箕泉图》，形成了他极具地域特色的艺术风格。

3.绘画材料的革新发展。回顾中国绘画发展史，每一次绘画艺术的变革无不与材料有着密切联系。原始社会的彩陶、商周时期的青铜器、战国时代的绢帛、唐五代和宋的生绢熟绢、元明清的纸，都是随着时代变革而发展的绘画材料，对历代绘画艺术的发展起到了重要的推动作用。比如，从宋代讲究理法、造型到元代超然洒脱的绘画风格，纸的兴起在其中起了重要的作用。

纸有两大优点：其一，纸的造价比绢低；其二，纸比绢光滑细腻，有利于绘画创作。《中国绘画材料史》记载，元代并没有专用的绘画用纸，画家可以根据自己的喜爱和偏好自由选取。元代遗留下来的作品中大部分为纸本作品。元代四大家黄公望、王蒙、倪瓒、吴镇作画皆用纸。黄公望隐居的富阳是当时有名的"造纸之乡"。

富春江两岸树木茂盛，品种繁多，为当时造纸业提供了丰富的原料，进而促进了绘画艺术的发展。黄公望曾在其《写山水诀》中说："作画用墨最难，但先用淡墨，积至可观处，然后用焦墨、浓墨分出畦径远近，故在生纸上，有许多滋润处。"这里的"生纸"就是元代大多数文人所用的生宣纸，墨色的晕染在纸上慢慢浸润，出现随意多变的效果。黄公望这种精湛多变、劲秀浑厚的笔法正是因为造纸技术的成熟才得以发挥。

（二）精神要素

1. 不同流俗的高洁品质。宋元时期的富阳有浓郁的隐逸文化和风气。唐代张彦远曾说："自古善画者，莫匪衣冠贵胄、逸士高人。"这里的"逸士""隐士"多指志行高洁、不愿为世用的高尚人士。受儒家、道家思想的影响，中国历史上不乏高逸隐士，如巢父、许由、伯夷、叔齐、严光、竹林七贤、竹溪六逸等等。到了元代，如前文所述，隐逸之风更盛，富春成为文人墨客隐逸的绝佳去处。黄公望在《秋山招隐图》的题跋中表达了在隐居富春时的生活感触。他出狱之后入道，从此远离世俗，遵守一名道士应循的轨迹，隐居山林，不问世事。故黄公望隐居富阳与他的道教身份也有着很大的关系，富阳浓厚的隐逸文化与道教文化是黄公望选择结庐于此的一个重要原因。

2. "通三教，旁晓诸艺"的文化素养。钟嗣成在《录鬼簿》中说他："公望之学问，不待文饰，至于天下之事，无所不知，下至薄技小艺，无所不能。"《画史会要》记载他："九流之学，无不通晓。"黄公望除了精通画事本身，还通晓各个领域的知识，这些知识无疑对他的艺术创作起到至关重要的作用，因此黄公望不仅在绘画领域造诣极高，还著有《写山水诀》和《论画山水》等绘画理论著作，为绘画理论领域也作出了巨大的贡献。

3. "天人合一"的理念。道家学说倡导的"天人合一"消除了人与自然界的对立状态，使人亲近自然，热爱自然。黄公望隐迹山林，在大自然中寻找灵感，追寻艺术的源泉，最终创造出具有无限意韵与神韵的艺术作品。黄公望的艺术作品都是经过对大自然的细致观察和分析，深入挖掘自然界蕴含的美，再融入自己的认识和体会而创作出来的。因此，他的艺术作品充满生机，不仅能在视觉上给观众以美的享受，更能使观众产生无限的遐想，仿佛置身画境之中。

4."师古不泥古，创新不离宗"的观念。黄公望讲求师法古人，明辨宗师，他说近代作画，多推崇效法董源、李成两家。纵观黄公望的《写山水诀》，除了山水树石的画法，共有七则提到了董源和李成，他对董、李两家笔法的不同之处作了较为详细的阐述。由此可见，黄公望对董源、李成可谓推崇备至。然而，纵观黄公望的大量绘画作品，可以发现他不只是师法董、李二人，而是博采众家之长，去粗取精，去伪存真，最终形成自己的艺术风格。普住说他"能画逼荆关"，张雨也赞曰"独得荆关法"，杨维桢赞云"画独追关仝"。他的作品既有董源山水的天真超逸，也有李成山水的清旷萧散，还有"马一角夏半边"的高清意境，并夹杂着荆关山水的强大气势，最终形成了自己独有的风格。可以说，黄公望的师古并不是对古人经验的完全照搬，而是告诉后人从师古中创新。师古与创新是辩证统一的，只知道临摹古人，会导致泥古不化，而离开古人独求创新则容易导致虚无主义。黄公望在《写山水诀》中对董、李二家笔法作详细的阐述，并告诫后人要宗法他们，事实上是为了帮助后人追踪源流，取各家所长。

5.师法自然，对景写生的绘画思想。在绘画思想上，黄公望十分注重师法自然，对景写生。这一思想在他的绘画作品和理论主张上有明显的体现。以《富春山居图》为例，整幅作品生机勃勃、诗意盎然，正是自然赋予他的灵感作用于作品的结果。图中的山川和树木，可谓一峰一状，一树一态，变化多端。之所以能画到这种数十座山峰状态万千、百十种树木形态各异的程度，与黄公望的绘画习惯和绘画思想有关。黄公望在《写山水诀》中提醒世人，要想画好一幅山水作品，就要勤学多画。他主张将画笔放于口袋之中，看到美景立即摹写下来，久而久之，积累的素材多了，画面也就丰富了。

（三）制度要素

1.枯润结合的用墨方法。《富春山居图》通过淡雅的纯水墨表现富春山初秋的韵味，是典型的传统文人画手法。画中多用干枯的淡墨，只有在树木的画法中有湿墨和浓墨。这一手法使得整幅画作浓淡相宜，枯润相合。山中有浓有淡，以干笔一气呵成，最后以浓墨点醒，众多笔法运用其中而不显杂乱，显出山的灵气。此外，树干没骨或用两笔造就，并以点染结合的笔法来映衬山川的变化。远山及洲渚以淡墨抹出，略见痕迹。墨色与山形的变化都由作者一笔勾勒而出，用浓墨、淡墨、枯墨反复对水和山形进行描绘，使得墨的变化恰到好处。在对树木的点染过程中，湿墨和干墨交替使用，反复两三遍而成，并且墨的变化在画面中都能够有很好的使用，虚实相合，浓淡相宜。黄公望曾说：

"作画用墨最难，但先用淡墨，积至可观处，然后用焦墨、浓墨分出畦径远近，故在生纸上有许多滋润处。"其思想正是元代人的笔墨绘画意境，将笔与墨充分进行融合，从而将画作的意境与神韵做到有机结合。

2."勾皴结合"的骨法用笔。《富春山居图》体现了黄公望在后期骨法用笔的特点。虽然其皴法是以董源的披麻皴为主，但是和董源的无皴有勾或者后皴先勾是非常不同的，其主要的手法是连廓带皴。连勾带皴，勾皴结合，使得画面和谐，用笔上主要用其中锋，间用侧锋，干笔、湿笔、秃笔、尖笔相互交错使用，时急时缓，笔缓时成熟稳重，笔急时行云流畅。线条的画法上，使用披麻皴以笔的中锋画出，间以干擦，劲简肯定，笔触清晰，似疏而实，似慢而急。在对于坡石的描绘中，用侧锋来进行，主次分明；在描绘平坡与高峰时，使用横点来描绘其朦胧的观感；描写丛林，用笔丰富概括，是变化了的"米点皴"画法，粗细变化，聚散组合，远近浓淡，干湿结合，苍苍茫茫。使用淡墨描绘出小竖点点缀于山峰之间，上细下粗，似点非点，神似而形不似。在近景的小树的点法上，随意用浓墨点之，在笔法上来进行画功的表现，在山坡下的几枝松树中，笔力清劲，小松针用笔浓淡、疏密、长短变化有序，笔迹可见；点苔、勾屋用笔精练，特别是碎石和矶头，土石相间，平坡间夹，矶头累累，很见骨法用笔。

3.苍劲泼辣的点苔法。黄公望师承董源，晚年大变其法，自成一家。在《富春山居图》中，点苔法颇为苍劲，是简约的山水画中非常关键的表现手法。将苔点的浓淡不一加入披麻皴中，更显画面的辽阔意境，使得画面也更具体化，能够对于当地的自然景物形成更详细的描写，有效规避了过度简约的问题。本画中最能显示作者画功的是前部分画卷的离散和汇聚、粗长与短细、浓墨与淡彩等交相辉映，以各种笔法来对山川、树木、苔点等进行刻画。另外，黄公望在前卷画面山石的右下角用浓墨、焦墨进行点苔，使得其样式形成丰富的特点。画卷中的点睛之笔是中部钓台处的一段苔点。此点横笔竖笔共用，没有一点草率的感觉，并且苔点凝练坚劲，让人们体会到黄公望的书法功底，并且点苔的手法是其晚年时非常成熟的技能之一。

4."诗中有画，画中有诗"的创作手法。在元朝，文人画最为鲜明的特征是画、书、诗三者的完美结合。至文人画发展高峰期，绘画、书法以及诗词有着很好的融合，达到了画、书、诗一体的境界。黄公望在作完《富春山居图》之后，在画下有着非常长的题词："至正七年……大痴学人书于云间夏氏知止堂。"有白文"黄子久氏"，朱文"一峰道人"印。在文人画中，画作和书法都以笔法和线条见长，从而使得书画两者能够做到默契配合，相互呼应。同时，在元代文人画的创作中，将具有鲜明表达意义的文字加入到绘画的创作之中，使得诗词和画作能够在意境上相互配合，将画作的思想感情与诗词进行结合，表达的情感更为强烈。《富春山居图》中，作者的题词叙述了创作此画的过程与目的，并不是诗词，但是与诗词有着异曲同工之妙。"此老风流世所知，诗中有画画中诗。晴窗笑看淋漓墨，赢得人呼作大痴。"由此可见，"诗中有画，画中有诗"是黄公望画作所追求的艺术特色。

5."崇尚自然，讲求写意"的绘画风格。郑元祐在跋黄子久山水画中有诗曰："不惮北游行万里，归来画山复画水。"李日华在《六研斋笔记》中引陈郡丞所言，说黄公望整日坐在荒山乱石树丛之间，或前往江海处看急流大浪，人们很难猜测他的心思，不知道他在做什么。大痴真是"痴"？非也，其实他这样做，只是为了更好地观察自然，描绘自然，把自然中的荒山乱石、茂林修竹、急流浪涛通过笔墨运用到自己的创作之中。夏文彦曾说："居富春，领略江山钓滩之概。"因此说，黄公望有着善于发现美的眼光、洞察大自然的能力和丰富的生活积累。

6.追求神韵的文人画风格。文人画的题材、内容、艺术风格都与职业画家、宫廷画家不同。文人画讲求"神似"和"笔墨韵味"，宫廷画、院画则工整细致，以追求形似为宗旨。董其昌讲求笔墨韵味，提倡飘逸洒脱的文人画风，排斥精工细腻、富贵堂皇的院体画风。以黄公望为首的元四家亦讲求注重神韵。其画深刻表现了文人士大夫的生活理想和审美趣味，因此董其昌十分推崇黄公望等人。

（四）语言和象征符号

享有"画中兰亭"之称的《富春山居图》。《富春山居图》被誉为"画中兰亭"，在中国绘画史上是里程碑式的存在。

《富春山居图》原画画在六张纸上，六张纸接裱而成一幅约700厘米的长卷。黄公望并没有一定按着每一张纸的大小长宽构思结构，而是任凭个人的自由创作悠然于山水之间，可远观可近看。这种浏览、移动、重叠的视点，或广角深远，或推近特写，浏览过程中，视觉观看的方式极其自由无拘，角度也非常千变万化。

第一部分：剩山图从一座顶天立地浑厚大山开始，长篇巨制，拉开了序幕，图画上峰峦收敛锋芒，浑圆敦厚，缓缓而向上的土堆，层层叠叠渐进堆砌着，又转向左方慢慢倾斜，黄公望使用他最具独特风格的"长披麻

皴"笔法，用毛笔中锋有力向下披刷，形成画面土壤厚实的质地，白色的山岚迷蒙，表现出江南山水湿润的气候之特色。

第二部分中所画山脉的发展发生了转折，随着山脉的层次变化，画中的树木、土坡、房屋和江中泛起的小舟更有一种层峦环抱、山野人家的萧瑟感。隔着一段水路第二部分也将进入尾声，主体的山峦在左边，群山全都呼应在左面，而近处的松柏微微摆动至右，遥相呼应远处的大山，承先启后，路转峰回。

由第二部分至第三部分墨色变化最大，空间变化最丰富。第二部分也是呼应第三部分的开始，黄公望画笔突转，略用皴染的坡与平静的江面，又向后延伸，画面由密变疏，疏离秀丽，又用浓墨细笔勾勒出画中水波、丝草，阔水细沙，风景灵动。水从哪里来？是从天空的云出来的，唐诗里面讲"行到水穷处，坐看云起时"，如果你跟着画面走，在富春江上水的穷绝之处就是它的水口，然后你觉得穷是"绝望"，可是这个时候应该坐下来，看到云在升起来，而云气刚好是生命的另外一个现象。所以黄公望也把这些哲学、文学的东西变成山石、水沙跟云起之间的互动关系。

第四部分，全篇画作笔墨最少，没有皴染，只有山，只有水，还原了自然的本真，构图上跨越第五部分，一片水沙，一段最长的留白，如同一年四季，时间流逝，岁月匆匆。画中点点枯苔小树土坡，河岸边的小桥连接着第五部分，而《富春山居图》这六个部分也像极了春夏秋冬，从前三部分的繁华葱茏、大气磅礴，到第四部分如同时间中的秋冬，静观万物，繁华落尽，肃静苍茫。

第五部分至第六部分中宽远的白沙，留白处两艘小船并行江中，船上渔夫也只是点景，微小的身影，渺小的生命，在整片的留白中，亦如一颗尘埃。远处一片远山，笔的线描，墨的拖带，交织在一起，一直延续在后面的大段留白中。

二、核心基因提取与评价

基于对材料的全面、深入分析，得出本文化元素的核心基因："'天人合一'的理念""'师古不泥古，创新不离宗'的观念""师法自然，对景写生的绘画思想""'勾皴结合'的骨法用笔""苍劲泼辣的点苔法""'诗中有画，画中有诗'的创作手法""'崇尚自然，讲求写意'的绘画风格""追求神韵的文人画风格""享有'画中兰亭'之称的《富春山居图》"。

黄公望与《富春山居图》核心文化基因评价依据

评价项目	评价因子	评价依据（特点）	是否
生命力评价	文化基因存续的时间	自出现起延续至今，未曾明显中断	√
		自出现起延续至今，但多次衰微、中断后复兴	
		曾明显衰败，改革开放后开始复兴或历史溯源关键环节缺失，难以考证	
		文化形态主体已灭失，现存部分痕迹	
	文化基因的稳定性	在发展过程中保持相当稳定的状态	√
		在发展过程中存在明显的精神内涵、表现形式剧变	
凝聚力评价	文化基因的凝聚力及社会动员效果	曾广泛凝聚起区域群体的力量，显著推动过社会经济文化的发展	√

续表

评价项目	评价因子	评价依据（特点）	是否
凝聚力评价	文化基因的凝聚力及社会动员效果	曾部分凝聚起区域群体力量，对社会经济文化的发展产生过影响	
		凝聚过力量，创造过实际的发展动能，但未见对社会经济文化发展产生显著改变	
		仅在历史文献或口耳相传中存在，未见实际介入社会经济发展	
影响力评价	辐射的范围	具有全国性、世界性的影响力	√
		具有长三角区域、浙江省影响力	
		具有市县、乡镇影响力	
	提炼的高度	已经被古代文人士大夫和当代学者提炼为精神符号和理念理论	√
		单纯的样式、造型、工艺技术规范	
发展力评价	与当代精神追求和价值观念的契合	传统文化基因得到创造性转化、创新性发展；区域革命文化基因被完整继承、广泛弘扬；区域社会主义先进文化基因成为与浙江"三个地"相适应的文化高地	√
		部分转化、部分弘扬、部分发展	
		难以转化、难以弘扬、难以发展	

说明：基因特点评价是对解码出来的基因，根据本《导则》表2的要求，围绕"四个力"逐一对表打"√"，进行定性表述

（一）生命力评价

作为中国山水画中的巨作，《富春山居图》完成以后，辗转流传六百余年，一直备受名家推崇。从一诞生就被历代画家追摹，因此才有了各种版本的《富春山居图》。这不仅是画家们对黄公望艺术技巧的学习与赞成，更是对黄公望为人的赞美与敬佩。

（二）凝聚力评价

黄公望作为"元四家"之首，开创了中国山水画的新纪

元，将"文人画"推向了时代的巅峰，黄公望绘画的艺术价值有着强大的感染力与感召力，他在中国美术史上是一颗耀眼的明星。黄公望有着深厚艺术修养，他对艺术不懈追求的精神时刻激励着我们，他给后世留下的《富春山居图》等艺术作品和对绘画技法的心得体会以及他主张的绘画思想，都是美术史上极为宝贵的资料。

（三）影响力评价

《富春山居图》代表了黄公望最高的艺术境界，已经被古代文人士大夫和当代学者提炼为精神符号。"一河两岸，隔江山色"这种特殊的构图方式具有结构宏大、画面张弛有序、富有节奏等特点，在元代十分盛行，在中国绘画发展史上也占有相当重要的地位。黄公望和他的艺术思想影响了自元以来的历代画家，事实上，黄公望的影响不仅仅在于元明清和近现代的中国，而是跨越了国界，影响到了世界的各个角落。甚至连英、日、美等国家的学术界人士对黄公望的艺术特色都有过深入的研究，可见黄公望的艺术作品和艺术思想有着强大的感染力与感召力。

（四）发展力评价

黄公望《富春山居图》在一定程度上影响到学界对元代文人山水画的认识，对当今艺术创作及历史、文化研究都具有一定的借鉴作用。更重要的是通过研究《富春山居图》，可以弘扬发展传统中国山水画的艺术特色，对推动和发展艺术文化具有重要意义。同时，出于历史的原因，《富春山居图》一分为二分别收藏于大陆与台湾两地。多年以来，人们期盼《富春山居图》能够合璧，恢复该画作的原貌。分而复合的《富春山居图》不仅仅是一幅山水画作，更是我国两岸的文化走向合并的重要象征，具有重要的文化意义与政治意义。山水合璧是两岸人民共同期盼的和谐统一，也是艺术的最根本的目标，《富春山居图》的合璧能够提升民族和文化两个方面的认同度，并且也能够促进两岸文化的交流，最终将整个中华民族凝聚为一体。在实现两岸统一的过程中，只有先提高文化认同感才能增强民族认同感。因此，《富春山居图》的合璧有着非凡的意义。

三、核心基因保存

"'天人合一'的理念""'师古不泥古,创新不离宗'的观念""师法自然,对景写生的绘画思想""'勾皴结合'的骨法用笔""苍劲泼辣的点苔法""'诗中有画,画中有诗'的创作手法""'崇尚自然,讲求写意'的绘画风格""追求神韵的文人画风格""享有'画中兰亭'之称的《富春山居图》"作为黄公望与《富春山居图》的核心基因,文字资料保存在张希清、赵一新、徐文光主编《黄公望与〈富春山居图〉研究》,常熟市文联编《黄公望研究文集》,潘运告《元代书画论》,吴湖帆《元黄公望"富春山居图"卷烬余本》,卢辅圣《中国书画全书》等文献中。黄公望的画作实物保存于国内外各地,具体创作时间、实物大小、保存的信息如下:

《丹崖玉树图》,年代不详,101.3厘米×43.8厘米,北

京故宫博物院藏。

《为张伯雨仙山图》，1338年，74.9厘米×27.5厘米，上海博物馆藏。

《秋山幽寂图》，1338年，74.9厘米×270.5厘米，上海博物馆藏。

《富春山居图》（子明卷），1388年，33厘米×589.4厘米，台北故宫博物院藏。

《天池石壁图》，1341年，139.3厘米×57.2厘米，北京故宫博物院藏。

《溪山雨意图》，1344年，29.6厘米×106.5厘米，北京故宫博物院藏。

《富春山居图》（无用师卷前段），1347—1350年，31.8厘米×51.4厘米，浙江省博物馆藏。

《富春山居图》（无用师卷后段），1347—1350年，33厘米×636.9厘米，台北故宫博物院藏。

《秋山图》，1347年，101.4厘米×29厘米，日本东京永青文库藏。

《江山胜览图》，1348年，32.1厘米×757.5厘米，日本京都长尾雨山氏藏。

《九峰雪霁图》，1349年，117.2厘米×57.5厘米，北京故宫博物院藏。

《山居图》，1349年，104.5厘米×66.6厘米，南京博物院藏。

《剡溪访戴图》，1349年，76.6厘米×55.3厘米，云南省博物馆藏。

《水阁清幽图》，1349年，104.7厘米×67厘米，南京博物院藏。

《山水》，年代不详，尺寸不详，中国美术家协会藏。

《富春大岭图》，年代不详，74.2厘米×36厘米，南京博物院藏。

《松溪高隐图》，年代不详，尺寸不详，平等阁藏。

《墨笔山水图》，年代不详，91.6厘米×30.8厘米，私人收藏。

《九峰珠翠图》，年代不详，79.6厘米×58.6厘米，台北故宫博物院藏。

《层岩飞瀑图》，年代不详，尺寸不详，台北故宫博物院藏。

《岩壑幽居图》，年代不详，尺寸不详，台北故宫博物院藏。

《铁崖图轴》，年代不详，尺寸不详，台北故宫博物院藏。

《层岩曲润图》，年代不详，尺寸不详，台北故宫博物院藏。

《溪山草阁图》，年代不详，尺寸不详，台北故宫博物院藏。

《溪亭秋色图》，年代不详，尺寸不详，台北故宫博物院藏。

《溪亭山色图》，年代不详，尺寸不详，台北故宫博物院藏。

《洞庭奇峰图》，1354年，125.3厘米×53.3厘米，台北故宫博物院藏。

《画张雨山居册》，年代不详，尺寸不详，台北故宫博物院藏。

《江山幽兴图》，年代不详，26.3厘米×360.3厘米，日本大阪市立美术馆藏。

《山水图》，年代不详，26.5厘米×20.7厘米，英国大不列颠博物馆藏。

《天池石壁图》，年代不详，126.6厘米×54.5厘米，日本大阪藤田美术馆藏。

《山水图册页》，年代不详，23.3厘米×29.8厘米，美国弗利尔美术馆藏。

《层峦叠嶂图》，年代不详，164.8厘米×47.7厘米，英国大不列颠博物馆藏。

新登古城

富春精粹　富阳文化基因

新登古城

新登为三国吴黄武五年（226）置新城县，属东安郡。五代梁开平元年（907），吴越国改新城为新登，属杭州，北宋太平兴国四年（979）改新城县。民国三年（1914）又改为新登县，1958年并入桐庐，1961年划归富阳。新登是富阳区的副中心城市，富阳西部的经济、商贸、文化中心，2012年被列入第四批浙江省历史文化名镇名录。新登是全国小城镇综合改革试点镇、联合国开发计划署"可持续发展的中国小城镇"试点镇。

一、要素分解

（一）物质要素

1.交通便利的地理位置。新登古城地处杭新（杭州—新登）、新淳（新登—淳安）两公路的交叉口，是古时通往新安江、金华、淳安的陆路交通咽喉。地处北纬29°58′，东经119°43′，距杭州55公里，是杭州西南的雄关要塞，具有重要的经济、军事战略地位。

2.深厚的历史人文底蕴。在漫长的岁月里，古城人才辈出。民国《新登县志·人物传》收录的当地知名人物183人中，有丞相2人，尚书2人，其余如御史、刺史、太守、知州、知县等各级文武官员，多达70余人。而新登最为出名的莫过于唐司马之一的凌准、晚唐诗人罗隐、北宋苏门四学士之一的晁补之等文化名流。在现代，新登又涌现了中科院院士周廷冲、中国环节动物学奠基人陈义、著名越剧表演艺术家徐玉兰等一大批杰出人物。历代诗文亦不乏名篇，其中"野桃含笑竹篱短，溪柳自摇沙水清"，"不见苦吟人，清樽为谁满"等佳句，就是北宋著名文学家苏东坡游新登所留。可见，新登不愧为人文荟萃之"宝地"。

3.兴旺的世家大族。新登虽僻处山陬，但自吴黄武元年（222）由富阳析置新城县至清代后期，已逾1600年，户口也较初设县时增长数倍。除建县之初已在当地定居的宗族外，六朝隋唐以至宋元明清各代都有外来百姓源源不断地迁至这块土地，经历千百年繁衍生息，孕育出颇具影响的名门望族。在历史变局中，新登一些宗族准确把握社会转折的契机，在经济发展的潮流中乘势而上，成长为兼具名望与财富的世家大族，不仅影响新登地方发展，还凭借其社会经济实力，在富春江流域的社会经济舞台上扮演关键角色。新登近代望族的崛起既得益于各个宗族的世代积累，也得益于区域历史变迁提供的时代机遇。而宗族的兴旺也推动着新登的社会经济发展。

4.保存完整的古城墙。新登古城墙是中国明清城墙中保存最为完整的县级古城墙之一。新登在唐宋时期即有修筑城墙的记载，唐大顺二年（891），吴越国将领杜稜始筑城池；宋天禧五年（1021）曾筑新城；明嘉靖三十五年（1556），知县范永龄因倭寇侵犯再度筑城，工程四个月即成，即今城。当时采用了围山为城的特殊建造方式，即将原有的自然山体围入城内，然后削峰填谷，形成高出四周的整片台地，城墙则作为台地的外壁，城内地势远高于城外（按明嘉靖张衮《新城县城记》："缘山而城，山势峰尖趾阔，取土而培齐其上下，补山之缺，等峰之高，塞坎夷险，直视无颇。"），利用地势取得了防御与防洪兼得的效果。现存的明代城墙呈不规则形，南北宽，东西狭，其形状与筑城时的自然地形密切相关。外壁以条石为主，顶部使用少量城砖。最新测量结果表明其原周长约2100米，保存尚好者长1714米，高5—7米，宽3—5米，其中五座城门处现均为大小不等的缺口，东北侧新登中学入口处也有一处缺口，北门附近有近300米损毁较重，但以上仍有墙基保存，格局轮廓清晰可辨。城墙上原设城门五座，按顺时针方向依次为东门元始门、小东门昭阳门、南门亨通门（又名嘉会门）、西门利遂门和北门贞成门，各门均有城楼，门外设桥。现城门均已不存，南门遗址保存最好。新登古城墙现为浙江省省级文物保护单位。

5. 护城河、胡公渠、塔山堰等精巧的水利设施。新登护城河同样始于唐代杜稜建城时，原在城北松溪筑新堰（位于下云山麓）引水入河，明天顺六年（1462）杭州知府胡濬因新堰距城远、水不能达而在城西北葛溪另筑塔山堰（胡衙坝），并凿胡公渠引水入河。护城河距城墙约50米，周长约2400米，宽约3米，形状与城墙相似，外壁原为块石砌筑，今已改为条石，为护城河引水的塔山堰和胡公渠仍然保存，整个水系仍然相通，仍在使用。

6. 圣园碑林、联魁塔、广福禅寺等古城建筑。新登古城拥有数量丰富的古建筑，如圣园碑林、联魁塔、广福禅寺等。

圣园碑林始建于唐长寿年间，原在城东南隅，明嘉靖十七年（1538）始迁至城东北隅（其地可追溯至宋开宝年间所建的寺庙护国院，后改为多福院，明嘉靖时废为学宫），其后在两处位置之间反复迁移，至清光绪二十年（1894）稳定在城东北隅，即今新登中学处。原建筑物仅存泮池，另存原在万仞宫墙两侧的下马碑，以及原在尊经阁内的范氏心箴碑、程子动箴碑（四箴碑之一，二者均为明嘉靖六年所立），现为杭州市市级文物保护单位。

联魁塔位于杭州市富阳区新登镇贤明山，始建于明万历四十六年（1618）。这座距今约400年的高塔，塔身全部用大青石砌成，六面九层。底层每面阔2.63米，东西两面各有一门。第二层至第九层每层对开两窗。塔顶作双覆盆，上加塔刹作四相轮葫芦顶。全塔统高23米，基础坚实，外观宏伟，是古塔建筑中石塔营造法式的代表作。现为浙江省省级文物保护单位。

广福禅寺位于新登城南贤明山麓的半山腰。它的前身为水陆院,系近处乌伊(眉)山下安福院的功德院。始建于北宋淳化二年(991),大中祥符年间安福院改建为昌国院,水陆院也改为广福院。因原地狭窄不易发展,迁移到贤明山麓。广福院自移建贤明山后,背山面对葛溪,又邻近城郭,此地又是原东安八景之一的"贤明舒啸",站在山顶,北眺城关,但见屋宇参差,鳞次栉比,视野甚是开阔。山腰处有泉出于石窟间,清寒冰骨,盛夏不枯,号称"寒泉"。此泉正好位于广福禅院的法堂左首,清代新登县令吴埔于泉潭上题"清心泉"额,意为禅门普济众生,饮此泉则可六根清净。于是禅院、宝塔、寒泉融为一体,相映成趣,并与东西两翼的"登云钓月""塔山拥翠"组成了古城一道亮丽的风景线,于是这里很快成为古城名刹,除了善男信女烧香礼佛外,更有骚人墨客涉足于此览景或消暑,并留下了不少佳句。与苏轼、曾巩同榜进士,曾任复州(今属湖北)刺史的许广渊有诗《广福院》:"溪光山色照天晴,开豁襟怀远眼明。每日风清生竹韵,有时雨过沸滩声。夷犹水上渔舟逸,奋迅檐前燕翼轻。珍重老僧无个事,坐观群动竞经营。"明天启年间(1621—1627)僧法藏重建广福禅寺。其后,明代邑人为振奋本邑文运,于寺后贤明山巅新建了联魁塔。明末著名戏剧家李渔,于清顺治八年(1651)特来新登广福禅寺小息数日,写下了《苋羹赋》《赛神记》等诗赋文章。清雍正七年(1729)僧源圣等重修广福禅寺时,在寺内立《贤明山广福院置产碑》。

进入民国后寺院逐渐衰落，20世纪50年代初寺院及周边山林归属新登林场，由于长期失修寺院塌圮。2002年5月20日，经富阳市政府同意，广福禅寺迁建贤明山南，百丈山西的乌眉山脚。总体规划占地八十亩，包括三圣宝殿、大雄宝殿、藏经楼等15个殿堂。2004年9月19日，中国佛教协会副主席、浙江省佛教协会主席戒忍题写了"广福禅寺"匾额。2004年10月15日，三圣殿举行开光仪式，宁波铁塔寺可祥大和尚、九华山圣君大和尚、天台国庆寺允观大和尚等万余民众参加了开光仪式。九华山圣君大和尚《贺广福禅寺三圣殿》诗："佛光照法界，三圣显金身。广福开盛会，龙天庆祥云。"

（二）精神要素

1. 耕读传家、勤劳创业的精神。新登官塘周氏的始祖仲安公，为廉溪先生第十四世孙，其迁来新登城东面青山下，生三子，三子永成公于明朝宣宗帝宣德初年携妻选定官塘开创基业，繁衍后代，既爱居而爱处，且为读而为耕，廪庠特起，分饩禄于皇朝，齿德兼尊，荷宾筵于邑宰，三房衍派，奕世荣昌，至今已历时580年，共延续23代。周氏家族历代遵循祖先"耕读传家"的遗训，勤俭劳作，多数从事农业兼营副业，勤劳创业的精神闻名遐迩。20世纪90年代之前，全族60%以上的家庭手工制作草纸，每年多则几千条，少则数百条。还有30多户经营桑皮扇，因价格便宜，经久耐用，远销江南各省。夏季是族人最繁忙的季节，家家户户赶骄阳晒草纸，趁炎热卖扇子，起早贪黑，夜以继日，劳作不休。农副业相结合，增加了收入，改善了生活。

2. 崇文重教的思想。《东安寿氏宗谱》九条，特列"教子孙"条："族中子弟进五岁，为父兄者，即当令其识字；七岁以上，择迎明师，严加训诲，弗以姑息为爱。"《东安钱氏宗谱》特别提到了"养士"对于家族的重要性："人家显扬，须得贤子弟，庶上光祖考，下荣闻里。忠君、孝亲，皆赖读书人出。族中富而贤者，固不待而兴。倘负质颖敏，艰于衣食而难继者，不问人我，助以油烛……寒之衣，饥为之食，俾无一分心，专志学业，则人皆藉以感发向上，中必有蕴藉宏深，抱璞超群，掇巍抚锦以继其先烈者。"崇文重教，鼓励科举，是整个新登及社会共同的观念。由于重视子弟教育，周氏族中文人荟萃，因科举中式而获致功名者代不乏人。周廷儒、周廷冲及夫人黄翠芬三名院士是近代官塘周氏族人中的璀璨之星，"院士故里"因此得名。重视教育为宗族家训的主要内容，不独周氏为然，新登也并非特例。如与新登相邻的富阳县，其中《富春瓜丘孙氏家范》《富春长沙朱氏家训十则》等家规亦将倡导文教、培育子弟、鼓励仕进作为族训之一。

（三）制度要素

1. 传统与现代完美融合的古城格局。新登古城的自然区位，处于侏罗纪凝灰岩低山丘陵覆盖的断陷盆地之中。在大盆地的东北隅，有一个由葛溪、松溪河谷正交而成，面积约 10 平方公里的"菱角"状河谷小盆地。新登古城正处于这块小盆地的中心残丘岗埠之上，从而有了盆中之盆的地貌格局。地质构造天然造就了古城十分理想的围合空间。古城犹如一朵莲花高耸地面，诸山环抱古城，似"朝拱作揖"。观新登山形，可谓"四灵俱全"。即后有塔山为"玄武"（主山）；前有贤明山为"朱雀"（案山）；左有西湖山、曹家湾山为"青龙"（左护卫）；右有老虎山、青芝山、杨家山为"白虎"（右护卫）。

松、葛两溪襟带的水系格局，是新登古城最具特色之处。源于西北山地的葛溪，蜿蜒绕城南而过，向东南屈曲呈"金水环抱"之势，与东北来水——松溪，汇流在东南巽位，似"襟带"耦合后成渌渚江。渌渚江左顾右盼，盘桓若有情，迂回南下，以多重水口，紧锁古城明堂。两溪水源远流长，说明集雨面积大，"生气"十足，可谓"天门"大开；水口紧锁，使"生气"滞留"明堂"，不一倾而出，可谓"地户"紧闭（中国传统文化中，习惯将水的源头之处称作"天门"，水去处为"地户"）。这样就实现了以水输气、聚气、蓄气之目的，改善了古城的小气候，实现了"天门开地户闭"的追求。为此，古城山水格局被古代堪舆家赞誉为"一朵莲花耸碧霄，二水襟带万山朝"的环境意象。

新登古城建在残丘之上，高出两溪河床水面 7 米，所以不必担忧水灾。

但是，也给城中居民生活用水带来困难。为了解决这个问题，同时也为满足守御城池的需要，古人巧妙地在葛溪上游筑堰、凿渠，引水入城，既满足了古城居民用水，又构筑了护城河防御水系，达到"高毋近旱而水用足，下毋近水而沟防省"的要求。

2. 精深宏富的官塘周氏家训。家训，是指对子孙立身处世、持家治业的教诲，是先辈留与后人的智慧宝典。家训最早可追溯到周公告诫子侄周成王的诰辞，自此绵延数千年，中国传统家训精深宏富，是中国家庭文化的重要组成部分，也是中国传统文化的重要组成部分，是中华民族的巨大财富。而新登古城《官塘周氏家训》也是历史上一颗闪耀的明珠，其大致有以下几点内容：

隆祭祀。祭祀所以追远也，《传》云："事死如事生，事亡如事存。"又曰："祭如在。"朱子曰："祖宗虽远，祭祀不可不诚。"凡我族人，值春露秋霜之际，兴闻忾见之心，备物致荐，务竭诚敬。毋得轻心掉之，亵渎先灵。

护坟茔。坟茔乃祖先神灵之所栖，无论已禁未禁，并宜守护，勿加损害。即系分支各派之墓，亦不得妄行锄掘砍伐树木，谨告后世子孙，其各凛之慎之。

敦孝悌。父兮生我，母兮鞠我，顾复之恩，昊天罔极。古云："与其椎牛而祭墓，不如鸡豚之逮存。"即昏定晨省，冬温夏口之仪，其责正，未可旁贷。由是，爱亲者不敢侮于人，敬亲者不敢慢于人，年长以倍犹吾父，十年以长犹吾兄。孔子曰："入则孝，出则悌。"当提携嬉戏之日，即教徐行后长，兄既友于弟，弟亦恭厥兄，怡怡之风不教而自化矣。孟子曰："人人亲其亲，长其长，而天下平。"其斯之谓乎？

正名分。先王制礼所以正名分也，名不正则言不顺，言不顺则事不成。族中尊长卑幼悉宜口以行次，勿以贵而轻贱，勿以富而欺贫，勿以强而凌弱。设不幸而继嗣，勿以弟而继兄，勿以孙而祢祖，勿以疏而间亲。或有妾者，大小之分当正，嫡庶之辨务明；若继妻，与元配原无异致，兹不复论。

教子孙。孔子曰："唯上智与下愚不移。"司马温公曰："养子不教父之过，有志须当勤苦读。"朱子曰："子孙虽愚，经书不可不读。"盖天之生人，中人为多，教则善，不教则不善。子孙贤愚不等，读书一事须有年限。年五岁，为父兄者即当令其识字，七岁以上，须择名师严加训诲，教以入孝出悌谨信爱众亲仁，弗以姑息为爱，而子孙自多贤能杰出之人矣。

勉忠义。尽己为忠，不欺为忠，亡躯报国亦为忠。事君之忠莫非尽己不欺推之也。累观历世忠臣，宣猷献策，昌国利民，史册昭彰，忠何如也？凡我族人，务宜穷则以孝自励，达则以忠自勉也。

安本分。或耕或读，务安其业，为工为商，各有所宜。当周规折矩，存淳厚之风，毋荡检逾闲，成嚣凌之俗。

敦信实。信者诚也，言必顾行，行必顾言。居家有信则家皆我从，涉世有信则人不我疑。圣人云：言忠信，行笃敬，虽蛮貊之邦行矣。又曰：人而无信，不知其可也。古训昭昭，口其然乎？

和夫妇。夫为乾刚，妇为坤顺，上下泰而阴阳和，阴阳和而万物育。故夫则正位乎外，贵有外治之美，妇则正位乎内，堪为内助之贤，永笃倡随之雅，克谐琴瑟之和。

睦邻里。古者八家同井，出入相友，守望相助，往来晋接当交以道，接以礼。邻里既睦，则仁风四布，将择居者于是而处焉。

保身家。身为父母之遗体，家为祖宗之余恩，不可不保也。若唆挑是非，侮弄乡曲，倚势仗财，出入公门，与夫结交匪类，嫖赌酗酒，非不得志于当时，及至一朝败落，后悔无及，亡身亡家，妻孥不保，辱亲羞祖，家法岂容？吾族向无是等人，后人亦当警省，以符圣人无则加勉之训。

勤职业。先儒云：有田不耕仓廪虚，有书不读子孙愚。在国为教，在家为训，生人之大本也。无论士农工商，均宜各勤本业，勿染游闲之风，须著劬劳之迹，兴家成业将于是乎卜之。

慎取与。财利尽人之所欲也。孔子曰：见得思义。孟子曰：可以取，可以无取，取伤廉；可以与，可以无与，与伤惠。伤惠则己难以遍及，伤廉则人将致怨，故取与之间不容忽焉。

恤困苦。颠连无告最可深悯者也，必欲尽人而衣之，尽人而食之，虽圣人亦病不能然，分余资恤邻里，富厚者皆可谅力而行之也。

积阴功。夫积善之家必有余庆，古志之矣。司马温公曰：积金以遗子孙，子孙未必能守，积书以遗子孙，子孙未必能读，不如积阴德于冥冥之中，以为子孙长久之计，则深味乎其言之矣。叔敖埋蛇，太和修德，立勋功以垂世，积阴德以裕后。凡我同宗尚其勉哉。

戒争讼。朱子曰：居家戒争讼。讼则终凶。孟子曰：好勇斗狠，以危父母。可知意气用事，易受其累。是以德盛者，猝然投之而不惊，无故加之而不怒。凡吾族中，如遇不平之事，或以情恕之，抑以理平之，慎勿轻于争讼，以伤睦谊。

（四）语言和象征符号

1. 一族十校长。新登官塘周氏对新登乃至周边地区影响深远，在历史上周氏一族出过十个校长。

最早创办学校并担任校长的是家福公——周家福，少年好学，才思敏捷。他在本村创办了第一所私塾，聘请具有真才实学的教师执教。第二位周家杰，耀祖之次子，周廷冲之父。清末廪生（明清两代由公家供给膳食的生员），后考入北京财政学堂，因时清政府不纲，即转入浙江省公立法政专门学校就读。毕业后归乡，组织志同道合者讲学于福光寺。1916年，政府开设新登县第二高级小学，并主其事。第三位周廷治，清邑庠生，曾任官塘国民学校校长兼教员。第四位周廷化，杭州宗文中学旧制毕业，曾任新登县立第一完小校长。1946年任新登县立简易师范学校校长。第五位周廷扬，周宗玉之次子。继承家庭薄产，弱冠后承祖父命，继祖父业，事必躬亲。在开店经商的同时，兼营纸业，往来于沪、杭、苏一带，因信义卓著而把祖业发扬光大，被公推为官塘村村长兼国民小学校长，1953年任新登县文教局局长。第六位周廷雄，县师范讲习所毕业。富阳区档案馆的一份档案显示，他于1934年2月到官塘初级小学任教员，年仅18岁，不久就任校长。新中国成立后在新登镇小教书，任总务主任。第七位周宏模，1931年上海新华艺术专科学校毕业。1938年任新登战时政工队长和在浙保抗日宣传团工作，后在处州、严州、嘉兴、桐乡及富阳县等地中学任教员。1947年周廷化辞去新登县立简易师范学校校长一职，由周宏模接任。第八位周廷业，师范毕业，先后任六贤、龙羊、新登区校长30多年，曾任新登县教育工会第二届主席。1959年荣获浙江省教育先进工作者称号，20世纪60年代赴北京参加全国文教战线群英会。第九位周宏培，号葛天，省立湘湖师范毕业暨地方行政干部训练班结业。曾任建德县政府教育科长，寿昌县政府主任秘书。1949年任上海市政府民政局副科长。1957年起任上海市建平中学副校长。第十位周宏度，师范毕业，先后任松溪中心小学教师、教导主任、渌渚乡完小校长。1956年获浙江省先进工作者光荣称号。

2. 一村三院士。周廷儒、周廷冲及夫人黄翠芬三名院士是新登官塘周氏族人中的璀璨之星。周廷儒，家福公之七子。中国著名地理学家、地理教育家，我国地理学开拓者之一，中国古地理研究的主要奠基人，中国科学院院士。周廷冲，家杰公周宗球之次子。中国著名生化药理学家、毒理学家，军事医学皇冠摘取者，中国科学院院士。黄翠芬，周廷冲夫人。我国基因工程奠基人之一，著名分子遗传学家，中国工程院院士。

3. 联魁塔。联魁塔是新登镇贤明山的标志性建筑，始建于明万历四十六年（1618）。这座距今390年的高塔，塔身全部用大青石砌成，六面九层。底层每面阔2.63米，东西两面各有一门。第二层至第九层，每层对开两窗；塔顶作双覆盆，上加塔刹作四相轮葫芦顶。全塔统高23米，基础坚实，外观宏伟，是古塔建筑中石塔营造法式的代表作。现为省级文保单位。联魁塔是新登古城的地标性文脉象征。

二、核心基因提取与评价

基于对材料的全面、深入分析,得出本文化元素的核心基因:"兴旺的世家大族""保存完整的古城墙""耕读传家、勤劳创业的精神""崇文重教的思想""传统与现代完美融合的古城格局""一族十校长""一村三院士"。

新登古城核心文化基因评价依据

评价项目	评价因子	评价依据(特点)	是否
生命力评价	文化基因存续的时间	自出现起延续至今,未曾明显中断	√
		自出现起延续至今,但多次衰微、中断后复兴	
		曾明显衰败,改革开放后开始复兴或历史溯源关键环节缺失,难以考证	
		文化形态主体已灭失,现存部分痕迹	
	文化基因的稳定性	在发展过程中保持相当稳定的状态	√
		在发展过程中存在明显的精神内涵、表现形式剧变	
凝聚力评价	文化基因的凝聚力及社会动员效果	曾广泛凝聚起区域群体的力量,显著推动过社会经济文化的发展	
		曾部分凝聚起区域群体力量,对社会经济文化的发展产生过影响	√
		凝聚过力量,创造过实际的发展动能,但未见对社会经济文化发展产生显著改变	
		仅在历史文献或口耳相传中存在,未见实际介入社会经济发展	

续表

评价项目	评价因子	评价依据（特点）	是否
影响力评价	辐射的范围	具有全国性、世界性的影响力	
		具有长三角区域、浙江省影响力	√
		具有市县、乡镇影响力	
	提炼的高度	已经被古代文人士大夫和当代学者提炼为精神符号和理念理论	√
		单纯的样式、造型、工艺技术规范	
发展力评价	与当代精神追求和价值观念的契合	传统文化基因得到创造性转化、创新性发展；区域革命文化基因被完整继承、广泛弘扬；区域社会主义先进文化基因成为与浙江"三个地"相适应的文化高地	
		部分转化、部分弘扬、部分发展	√
		难以转化、难以弘扬、难以发展	

说明：基因特点评价是对解码出来的基因，根据本《导则》表2的要求，围绕"四个力"逐一对表打"√"，进行定性表述

（一）生命力评价

新登虽僻处山陬，但自吴黄武五年（226）由富阳析置新城县至清代后期，已逾1700年，户口也较初设县时增长数倍。除建县之初已在当地定居的宗族外，六朝隋唐以至宋元明清各代，新的移民源源不断地迁至这块土地，经历千百年繁衍生息，孕育出颇具影响的名门望族。及至近代，时势变迁，风尚移转。这些世家大族来到新登后建居宅，造祠庙，修道观，办学堂，铺路搭桥，开荒垦地，繁衍后代。其核心基因"兴旺的世家大族""保存完整的古城墙""耕读传家、勤劳创业的精神""崇文重教的思想""传统与现代完美融合的古城格局""一族十校长""一村三院士"，自出现起延续至今，未曾明显中断，在发展过程中保持相当稳定的状态。

（二）凝聚力评价

世居新登的世家大族，建居宅，造祠庙，办学堂，铺路搭桥，开荒垦地，繁衍后代，走出一条勤俭耕读、诗礼传家的道路。在经济上，他们主动带头捐资兴建桥梁等基础设施，便利了民众出行和日常生活，促进了古城与外界的沟通交流；在文化教育上，他们建立宗祠、学堂，促进了民风教化，提高了年轻一代的文化水平。他们准确把握社会转折的契机，在经济发展的潮流中乘势而上，成长为兼具名望与财富的巨家大族，不仅影响新登地方发展，还凭借其社会经济实力，在富春江流域的社会经济舞台上扮演关键角色。其核心基因"兴旺的世家大族；保存完整的古城墙；耕读传家、勤劳创业的精神；崇文重教的思想；传统与现代完美融合的古城格局；一族十校长；一村三院士"，曾广泛凝聚起区域群体的力量，显著推动过社会经济文化的发展。

（三）影响力评价

千百年来，世居新登的巨家大族顺时应变，自我调适，经历了由微而显、不断发展的过程。由宗谱记载可知，新登一带的家族多由浙东、浙南以及杭城周边迁入。初来之时，往往单门独户，大都务农为业。经过数代的积累，略有余资，则农商兼营，伴随着财富的积累，人口也不断增加。宋代以后，尤其是明清两代，农业开发加速，副业、手工业和商业相互促进，都有较大发展，一些以"耕读传家"为特征的农业家族，逐步演变为亦农亦商的农商家族，农业积累与商业利益相互促进，使这些家族获得了向士绅阶层攀登的物质基础。在家族财富的助力下，一些家族子弟由县试而府试，由乡试而会试，在科举阶梯上不断跃升，将整个家族带入更高的社会阶层，兼具财富、名声、地位，成为地方望族。可见其核心基因具有强大的影响力。

（四）发展力评价

新登的巨家大族为新登的经济、文化发展，留下了发人深省的历史故事和宝贵的精神与物质财富。新登古城历史文化积淀深厚，古城墙保存完好，古桥、古寺、古塔、古树、古道一应俱全。新登古城作为杭州市市级文保单位，是目前浙江省内保存最为完整的古城墙之一。新登通过古城保护利用项目，合理、有效利用各级奖补配套资金，不断推动新登古城的保护利用工作，为新登古城有机更新工程的开展打下了坚实的基础。该文化元素的核心基因在日后的新登古城复兴计划中将得到创造性转化、创新性发展。

三、核心基因保存

"兴旺的世家大族""保存完整的古城墙""耕读传家、勤劳创业的精神""崇文重教的思想""传统与现代完美融合的古城格局""一族十校长""一村三院士"作为新登古城的核心基因，其文字资料《论语·宪问》《尚书·无逸》《新登县志》等保存于富阳区文化基因解码资料库。实物材料保存在富阳区新登古城。

富阳竹纸

富春精粹 富阳文化基因

富阳竹纸

富阳造纸有悠久的历史,《浙江之纸业》载述:"说纸,必说富阳纸。"在民间,还有"富阳一张纸,行销十八省""京都状元富阳纸,十件元书考进士"之说。富阳传统所产的纸,都以手工制造,溯源于东汉明帝时代(57—75)。一开始制作的是以桑树皮为原料的皮纸。

至南宋时期,富阳开始用嫩毛竹为原料制作竹纸,从此世代传承,走过了一千多年的历史。由于富阳竹纸纸面光洁、色泽白净、不易变色、不受虫蛀,用它书写作画既得心应手,又赏心悦目,遂誉满华夏。从宋真宗开始,富阳竹纸就成为朝廷贡品,被列为"御用文书纸"。北宋时,富阳竹纸的"谢公笺",与唐代的"薛涛笺"、汉末的"左伯纸"齐名,同为我国历史上的"三大名纸"。星移物换,富阳竹纸在继承我国传统造纸工艺的基础上,形成了独具特色的绝艺,领先于同行,竹纸名品竞出,越过富春江,畅销国内江、浙、沪、京、津等地,又出口日本、韩国、新加坡、菲律宾等国家,享誉中外。

2006年,富阳竹纸被列入第一批国家级非物质文化遗产名录。

一、要素分解

（一）物质要素

1.历史悠久，文风鼎盛的环境。富阳历史悠久，名人辈出，为富阳纸业的发展提供了良好的机遇。出土的新石器时代文物证明，五千多年前，富阳境内已有人类繁衍生息。富春之地，春秋时属越国，越亡属楚。秦汉以后，隶属多变。秦统一全国，分天下为三十六郡，置富春县，属会稽郡，富阳建县由此开始。秦汉时，富阳称富春，东晋太元十九年（394），为避简文帝生母宣太后阿春讳，更名富阳，富阳之名始于此。富阳历史上名人辈出，既是三国吴大帝孙权的故里，又出过不少将相名宦，文人墨客更是代不乏人，因而与外界交往频繁。尤其是五代吴越国和南宋定都临安（今杭州），富阳作为京畿地区，其生产、生活和文化受到深刻影响，这为富阳纸业的发展提供了良好的机遇。

2.优质的毛竹和水源。在地理上，富阳位于浙江省西北部，富春江下游，钱塘江上游。东接杭州市萧山区，南连诸暨市，西倚桐庐县，北与临安市、杭州市余杭区接壤，东北与杭州市西湖区毗邻。富阳水陆交通方便，自然环境优越，天目山余脉绵亘西北，仙霞岭余脉蜿蜒东南，富春江斜贯市境中部。山地、丘陵面积1439.6平方公里，占市境总面积的78.62%。仙霞岭余脉分布区以高低山为主,其特点是山势挺拔、脉络清晰、重峦叠嶂、山重水复,海拔均在500米以上。主峰杏梅尖,海拔1065.8米,为全境最高峰。由于山体高大,气候、土壤适宜毛竹生长,全市约有毛竹林40万亩,产竹量居全省第二位。因此,制造传统竹纸的原料十分丰富。境内一江十溪交错,水源充足,不但运输无阻,而且水质优良,为造纸提供了必需的条件和特有的便利。富阳紧邻杭州,纸的贸易和信息反馈都以杭州为纽带,十分方便。富阳造纸源远流长,是与它独秉天赋的自然条件分不开的。

3. 行家里手、能工巧匠辈出。千百年来,富阳造纸世代相传,不断摸索,精益求精,自然涌现出大批的行家里手、能工巧匠。这些能工巧匠不但满足本地纸业生产的需要,而且不断为周边地区纸业发展输送人才技术。富阳槽户不仅到周边县市如临安、余杭、安吉、德清等地收购青竹运回富阳,将其作为造纸的原料,俗称"过山料",而且受聘去这些地方做纸或直接开设槽厂,甚至定居彼地生产经营,周边地区的造纸师傅大多是富阳师傅。"富阳做纸师傅"因此名声在外。

4. 齐全的制纸工具和设施。富阳竹纸竹浆制作的主要器具和设施有砍竹斧、钩刀、篾刀、削青刀、拷白榔头、铡刀、石滩(石灰池)、纸镬(又称皮镬)、滩塘(又称料塘)、脚碓(或水碓)、水桶、料袋等。竹纸制作的主要器具和设施有纸槽、抄纸竹帘、帘床、纸架、木榨、焙弄、鹅榔头等。富阳竹纸制作时还需用到的一些辅助工具,有水耙、水勺、抬纸架、棕毛刷、叠纸台、捆纸架、磨石、竹篾、箬壳、印章、刷子等。

5. 泗洲造纸遗址。泗洲造纸作坊遗址位于银湖街道泗洲村凤凰山北麓。遗址东西长约145米,南北宽约125米,占地达1.6万平方米,既有劳作的区域,也有工人们生活的厂区。该遗址发现于2008年(在富阳市第三次全国文物普查工作中被发现)。2008年9月至2009年3月,经国家文物局批准,杭州市文物考古所和富阳市文物馆组成联合考古队,对泗洲

宋代造纸遗址进行了抢救性发掘。这是到目前为止，中国发现的时代最早、规模最大、保存最为完整的一处古代造竹纸作坊遗址，其工艺流程完整，造纸技术先进，是我国造纸业的重大发现，为研究宋代中国南方乃至世界造纸工艺的传承和历史研究提供了重要实物资料。该遗址的发现从实物资料上证明了富阳悠久的造纸文化，对探讨富阳纸业发展史及整个中国古代造纸发展史都有着十分重大的意义。2013年5月，经国务院批准公布为第七批全国重点文物保护单位。

（二）精神要素

1. 安分守己、埋头苦干的精神。富阳自古民风淳朴，农民终年在乡间辛勤劳作，很少背井离乡出外营生，富阳人传统的观念是"苦在本乡本土，总是虽苦犹乐"。曾有"宁为故乡乞，不做他乡官"之说。土纸生产恰可就地取材，足不出村就能造出纸来，并且男女老幼均可参与其中，一家一户便能独立生产。做纸虽然需要吃苦耐劳，但制造土纸正好需要这种安分守己、埋头苦干的精神。这千百年铸就的民风民俗，也是富阳土纸制作技艺得以代代相传的一个原因。

2. 精益求精的匠人精神。自从元书纸有了其用途的标准定位之后，富阳纸工对元书纸的抄造工艺不断改进和改良，技艺精益求精，终于使元书纸成为质地洁白、帘纹细密、光滑坚韧、手扣有声、闻有清香的竹纸中的"上上佳品"，成为可供印书之用的纸张。

3. 因地制宜的发展理念。富阳是"八山半水分半田"的半山区，山区耕地稀少，粮食自给条件不足，只得因地制宜，以造纸和经营纸业作为主要经济来源，以纸换粮，赖以谋生。造纸的资本投入可大可小，工具设备不是很复杂，资金周转较快，且已世代相传，便于继承推广。因此，形成了山区以产竹纸为主业的格局。

（三）制度要素

1. 竹纸制作七十二道工艺流程。从一根嫩毛竹变成竹纸，其间的制作工艺精细，技术要求高，共有七十二道工艺流程，所以在富阳的纸农中广为流传着"片纸非容易，措手七十二"的谚语。富阳竹纸制作的主要工序有三十道，每道工序一环紧扣一环，精工细作，不允许有半点马虎。从第一

道工序砍竹到成纸，全过程需要六十天时间。

①原料加工

砍竹：每一年的农历小满前后，毛笋迅速长成嫩毛竹，纸农们抓住时机，请来帮工上山砍竹，并把砍下的大捆嫩毛竹运往削竹场。

断青：嫩毛竹运至削竹场后，被截成每段约2米长的竹筒。

削青：纸农家里都有专为削竹而搭建的架子，把青竹筒放在架子上，用削竹刀削去嫩竹的青皮，叫削青。削青的难度比较大，需要由能工巧匠操作。

拷白：削去青皮以后的嫩竹筒叫白坯。白坯需要在大石墩上反复甩打，直到嫩竹筒破裂成碎片为止。不容易碎的竹节需要用铁锤敲打，直到打烂为止。

落塘：把拷过的白坯用嫩竹篾扎成小捆，放入清水塘进行浸泡，浸泡时间为四至五天。

断料：捞起白坯，砍成五段，每段长约40厘米，然后用嫩竹篾把砍断的白坯扎成直径30厘米左右的小捆，每捆重量约15公斤，一捆称为一页。

浸坯：把干净后捆扎好的白坯料放入腌料塘，浸泡在塘里的石灰液中。石灰液的配置浓度以能够黏附竹料为适宜。一般100斤石灰加清水40担后，可以浸泡600余页白坯料。白坯浸泡后在腌料塘边堆放一至两天。

入镬：把堆放后的白坯料竖放在纸镬内，一次可竖放600至700页料，加水把白坯料浸没，然后把顶部封闭。

烧镬：镬底烧火，日夜蒸煮，蒸煮的时间根据毛竹料的老嫩、气候的冷热而稍有长短，一般需要五天才能煮熟。

出镬：把煮熟的竹料从纸镬中取出，要求马上浸入清水塘中，防止石灰质干燥后粘结在竹料上。

翻摊：竹料在清水塘中浸泡时间为五至十五天，浸泡期间需要经常汇洗竹料，并且调换清水后继续浸泡，需要冲洗五至六次，直到去尽腐质。

缚料：把翻摊冲洗干净的竹料重新整理捆扎。

挑料：把重新捆扎好的竹料挑到尿桶边。

淋尿：把竹料放入尿桶，用纯净人尿淋浸一遍，脱去竹料上硬性的石灰质，促使竹纤维软化。

堆蓬：把淋过尿液的竹料横放着堆叠成蓬，用青干草垫底、盖顶，并且围住四周，令蓬坯密封。堆置的时间与气候有关，天热需堆置一周，天冷需堆置半月，让竹料自然发酵。

落塘：把堆过蓬的竹料竖放在清水塘中，叠成数层，用清水浸泡十至十五天，直至水色转红变黑，说明竹料已经成熟。

榨水：把成熟后的竹料运到榨床处，榨干水分。至此，富阳竹纸的原料加工完成，这种全部用嫩毛竹做的竹料叫作白料，加上优质水，可以造出好纸。

②制作成纸

脚碓舂料：把白料放在石臼内，靠脚力用脚碓反复踩踏，使舂齿不断舂打白料，直到白料成为细末。

捡料：取出石臼内的细末料。

瓣料：把细末料均匀地瓣碎。

浆料入槽：把瓣碎后的细末料放入纸槽内。

木耙搅拌：在纸槽内放入清水，用木耙反复搅拌。

捞去粗筋：在搅拌过程中，发现有粗筋及时捞出，直至细末料和水溶解均匀，成为浆液。

入帘抄提：这道工序是全套竹纸制作流程中难度最大的。由抄纸工两手拿着纸帘把纸槽内的浆液荡在纸帘上，要求通过手腕的晃动，使纸帘上的浆液厚薄均匀。接着，帘床向前倾斜，晃出多余的浆液或残留的粗纤维，使纸帘上沉淀下一层纸浆膜，也就是湿纸。把纸帘上的湿纸反扣在纸架上，留下湿纸。如此反复不停地抄，一次次反扣湿纸，使纸架上的湿纸整齐地增高，形成纸块。

压榨去水：反扣在纸架上的湿纸达到约500张时，移到榨床，榨去水分。榨去水分后的长方形纸块叫作纸筒。一般每个纸槽一天可以做出1000张纸。

牵纸、晒纸：把纸筒上粘在一起的湿纸一张张地牵出来后，在焙弄上烘干叫作晒纸，牵纸和晒纸是必须连续进行的一道工序。晒纸工用鹅榔头在纸筒上划几下，捏住纸筒的右上角捻一捻，使一侧的纸角翘起，然后鼓气一吹，用手逐张撕起，贴在刷着稀浆液的焙壁之上，并用松毛刷快速刷动，使纸张平实。顷刻，烘干的纸角自然翘起，就可以按次序一张一张撕下来，剔除破纸，收集成一刀。晒纸虽然比抄纸轻松，但是，它的技术要求也很高，如果用力不当，湿纸就会破碎，晒纸工必须运气吹纸，动作干脆利落，除了要求速度快，还要求纸晒得平整，堆放得整齐。

数纸、捡纸：把晒干的纸整理好，并用木榨压平，按每刀200张的规格数好。

整理成件：用嫩竹篾把纸捆扎起来，每一摞捆成一捆，称为一件或一块。

磨去纸边：把捆扎好的纸的毛边用砂石磨砖磨光，使其平整美观。

盖印：在磨光毛边后的纸件四边敲盖上红色或蓝色的印章，标明何地、何人制造。

2.以家族和师徒为载体的传承方式。长期以来，富阳竹纸的生产技艺依靠家族和师徒传承，其技法大同小异，各有小变而不离其宗。言传身教是主要的传承方法，但其中的抄纸、烘焙等绝艺，必须从小学起，全凭个人的悟性以及长期实践才能掌握，难于形诸语言文字。

（四）语言和象征符号

1.造纸术的重要范例。富阳竹纸制作工艺复杂，传统制作技艺具有较高的技术含量和技术依据，其技艺及产品很难为现代造纸技术所替代。这些技艺是富阳造纸工匠在长期生产实践中的智慧结晶，是继承和发扬我国古代伟大发明——造纸术的一个重要范例，也是我国非物质文化遗产代表作之一。富阳的竹纸制作技艺，还是研究古代造纸史、经济史、工艺技术史及文化史的重要素材。

2.高等级的文化用纸——元书纸。元书纸是竹纸的一种，古称赤亭纸。

古代劳动人民采用当年生的嫩毛竹做原料，靠手工抄造而成的毛笔书写用纸。主要产于浙江富阳，生产历史悠久。北宋真宗时期已被选作"御用文书纸"。因皇帝元祭（元日庙祭）时用以书写祭文，故改原称为元书纸；又因当时的大臣谢富春支持此纸生产，故尚有谢公纸或谢公笺之称。元书纸具有洁白柔韧、微含竹子清香、落水易溶、着墨不渗、久藏不蛀、不变色等特点。古代主要用于书画、写公文、制簿册等，现仍为书画家和书画爱好者喜好的书画用纸，此外，还可作裱装画轴及上等包装纸等。元书纸点燃后的灰烬是白色，而非一般纸张燃尽后的灰黑色，这是元书纸的一个特点。

二、核心基因提取与评价

基于对材料的全面、深入分析,得出本文化元素的核心基因:"安分守己、埋头苦干的精神""精益求精的匠人精神""因地制宜的发展理念""竹纸制作七十二道工艺流程""造纸术的重要范例""御用文书纸——元书纸"。

富阳竹纸核心文化基因评价依据

评价项目	评价因子	评价依据(特点)	是否
生命力评价	文化基因存续的时间	自出现起延续至今,未曾明显中断	√
		自出现起延续至今,但多次衰微、中断后复兴	
		曾明显衰败,改革开放后开始复兴或历史溯源关键环节缺失,难以考证	
		文化形态主体已灭失,现存部分痕迹	
	文化基因的稳定性	在发展过程中保持相当稳定的状态	√
		在发展过程中存在明显的精神内涵、表现形式剧变	
凝聚力评价	文化基因的凝聚力及社会动员效果	曾广泛凝聚起区域群体的力量,显著推动过社会经济文化的发展	√
		曾部分凝聚起区域群体力量,对社会经济文化的发展产生过影响	
		凝聚过力量,创造过实际的发展动能,但未见对社会经济文化发展产生显著改变	
		仅在历史文献或口耳相传中存在,未见实际介入社会经济发展	

续表

评价项目	评价因子	评价依据（特点）	是否
影响力评价	辐射的范围	具有全国性、世界性的影响力	√
		具有长三角区域、浙江省影响力	
		具有市县、乡镇影响力	
	提炼的高度	已经被古代文人士大夫和当代学者提炼为精神符号和理念理论	√
		单纯的样式、造型、工艺技术规范	
发展力评价	与当代精神追求和价值观念的契合	传统文化基因得到创造性转化、创新性发展；区域革命文化基因被完整继承、广泛弘扬；区域社会主义先进文化基因成为与浙江"三个地"相适应的文化高地	
		部分转化、部分弘扬、部分发展	√
		难以转化、难以弘扬、难以发展	

说明：基因特点评价是对解码出来的基因，根据本《导则》表2的要求，围绕"四个力"逐一对表打"√"，进行定性表述

（一）生命力评价

富阳作为"千年纸乡"，生产竹纸始于唐五代时期，距今已有一千多年的历史。安分守己、埋头苦干的富阳造纸匠人，坚持精益求精的理念，最终造就了"富阳竹纸行销十八省""京都状元富阳纸，十件元书考进士"的美誉。

（二）凝聚力评价

20世纪五六十年代，富阳共有24个乡镇生产竹纸，有10余万劳动力从事竹纸生产，祖祖辈辈养竹做纸，以纸为业。可见竹纸广泛凝聚起富阳普通百姓的力量，显著推动过富阳社会经济文化的发展，具有强大的凝聚力。

（三）影响力评价

富阳竹纸在宋代已经名扬天下，用嫩毛竹浆制成的元书纸，因"制作精良，品质精良，光滑不蠹，洁白莹润"被誉为纸中上品，成为朝廷锦夹奏章和科举试卷用纸。明清以来，富阳竹纸名品竞出，光绪《富阳县志》记载："竹纸出南乡，以毛竹、石竹二者为之，有元书六千五百圹，昌山、高白、时元、中元、海放、段放、京放、京边、长边、鹿鸣、粗高、花笺、裱心等，名不胜举，为邑中生产第一大宗。"民国时期，富阳竹纸进入黄金期，产品远销全国各地以及日本、韩国、新加坡、菲律宾等国，并在各类博览会上获得多个大奖。

（四）发展力评价

为适应新的市场需求，富阳在传统竹纸的基础上开发生产出了书画用纸和古籍影印专用纸，传承了传统竹纸的技艺，为传统纸业生产注入了新的生机和活力。由于书画用纸的大量需求和国内外市场的开拓，富阳书画纸不断得到改进和提高，品种日益丰富，产量不断扩大，并以其品种和价格的优势，在国内外市场占有一定的份额，足可与传统宣纸相媲美。其不但受到海内外广大书画爱好者的青睐，还大量用于古籍印刷，为国家整理保存线装典籍，弘扬民族优秀文化作出贡献，发展力强大。

三、核心基因保存

"安分守己、埋头苦干的精神""精益求精的匠人精神""因地制宜的发展理念""竹纸制作七十二道工艺流程""造纸术的重要范例""御用文书纸——元书纸"作为富阳竹纸的核心基因,其文字资料《富阳竹纸制作技艺》等保存于富阳区文化基因解码资料库。实物资料保存在泗洲造纸遗址和大源镇大同造纸文化村。

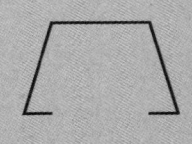

龙门古镇

富春精粹　富阳文化基因

龙门古镇

龙门古镇位于浙江省杭州市富阳区境内，地处富春江龙门山下，距杭州市约 60 公里，距富阳城区约 16 公里，是"富春江—新安江—千岛湖"旅游线上的国家一级景点，毗邻 320 国道，307 省道是目前龙门古镇对外的主要交通干道，交通便捷。古镇占地总面积约 28 平方公里，其中古镇面积约为 2.5 平方公里，有行政村 11 个。

龙门古镇是富阳最大的村落，据传因东汉初年名士严子陵赞曰"此地山清水秀，胜似吕梁龙门"而得"龙门"之名。古镇目前共有居民 2200 多户，共 7000 多居民，大多为三国东吴孙权的后裔，90% 以上居民姓孙。千百年来，孙权后裔们励精图治,用自己的勤奋和智慧在此代代繁衍,形成了如今的龙门古镇,孙氏家族的世外桃源,江南最大的古村落。

一、要素分解

(一) 物质要素

1.气候温润,风景秀美的自然环境。龙门古镇地处亚热带,气候温暖湿润,夏季长而热,春秋短而冬季较冷,四季分明,四面皆山,山下为龙门小盆地,山地气候明显,年均气温16.1℃。自古龙门古镇的美丽山水就闻名遐迩,东汉严子陵"此地山清水秀,胜似吕梁龙门"的佳句就是最好的写照。古镇四面皆山,植被丰富。龙门山崛起于东南,大山头崛起于西隅,主峰杏梅尖是全市最高峰。剡溪与龙门溪交汇于镇北,风景优美自然。沿龙门溪而上,山道逶迤,两侧奇峰异石凸出。谷中溪水萦绕,潭涧成群,翠谷青苍,谷底断壁陡峭,瀑布自槽中泄下，落差100余米，宛如白练当空，跌入潭中，珠雾飞溅，水击石磬，形成瀑布奇观。1917年春郁达夫曾到此游，并留下《龙门山题壁》诗："天外银河一道斜，四山飞瀑尽鸣蛙。明朝我欲扶桑去，可许砚边泛钓槎？"他还在游记中赞曰："龙门山绝壁千仞，飞瀑万丈，真伟观也。"

2.陆路交通咽喉、商贸交通要道。龙门古镇位于浙西、徽州诸镇与浙东、江南各处相连的陆路交通咽喉之地，自古以来即是商贸重镇。明嘉靖至清康乾年间，由于陆路交通不甚发达，徽商运粮必须通过龙门而达上官再至绍兴、苏州等地，如今的老街在当时就是一条商贸极为繁盛的交通要道。这也是龙门古镇最为繁盛的时期。龙门古镇是一个典型的封建宗法制度下的以手工农业为主的乡村。除了农业的生产经营之外，这里还兼营造纸业，主要生产坑边纸、毛边纸、手纸、迷信纸等等。龙门当年的很多富户都是通过发运粮食、稻谷、纸品等而发家致富。

3.积淀深厚的文化底蕴。历史上这里曾出现了众多读书人和仕宦者，使龙门形成了独具特色的丰厚的文化背景。这种情形在明嘉靖至清康熙时达到了极盛，有"半列儒林，咸饶富有"之称。现在遗存的众多文化遗迹无不显示了那个时期枝繁叶茂的盛况，其中家谱中就有专项列出"儒林""宦林"者，蔚为大观。

4.数量众多的古建筑遗存。历史上这里曾有60多座厅堂、古建筑。历经战乱，现保存良好的尚有：2座祠堂、40多座厅堂、3座砖砌牌楼和1座古塔、1座寺庙。

①余庆堂。余庆堂即为孙氏宗祠，是龙门孙氏的总祠堂。余庆堂主体建筑宏伟宽广，两侧墙变化丰富，主体建筑三进，正厅面阔三间二弄，前为

大井，又前为门厅，左、中、右三扇大门，正中大门后为戏台，出入左右边门，如遇显赫贵宾，则拆除戏台开大门。余庆堂历史上曾开过一次大门，是晚清时诸暨孙氏后裔翰林孙廷翰来龙门谒祖时开过。大门外又是八字门廊，大门左右是石抱鼓，雕有鱼尾龙头纹，这是皇家子孙才可以刻的。廊檐前是清道光年间拔贡孙秉元立的旗杆，孙氏宗祠有东西两辕门。正厅前天井左右为廊屋。连廊挂左钟右鼓。正厅后，隔走廊与左右小天井为荫堂，荫堂面阔三间，就是纳主放牌位的地方，尊孙权祖父孙钟为首位，上有"无天所生"匾额。孙氏宗祠明清都有重修的纪录，西面原是园地，土改后作为广场，约3000平方米。余庆堂是龙门孙氏家族庆典、祭祀、活动的重要场所，也是全镇重大事件活动的场所。余庆堂的功能，一是祭祖纳主，每年春秋二祭，二是在此商议族中重大问题，如续族谱，三是用于龙门镇群众进行娱乐活动，宗祠内所藏禁碑也有记载，宗祠是为了"……敬祖宗而安先灵也……左右厢屋大门俱不准堆放一切杂物……"。它还是龙门中心小学历来的办学之处，为培养龙门孙氏文化教育作了不少贡献，直至新校舍造成搬迁。

②思源堂。思源堂为龙门孙氏元枝（大房）孙权二十世孙治的宗祠。原与亨支（小房）余庆堂共一宗祠，即孙氏宗祠。后子孙繁衍，仅孙氏宗祠不敷宗族活动之用，大房另建祠堂思源堂。修建思源堂，除了人口增多支派繁衍，仅一个香火堂满足不了宗族活动的需要的原因外，据传还有宗派间因发生争大小位的矛盾。龙门的风俗是正月十三上灯，过了元宵，正月十八落灯。元宵灯节悬挂祖先画像，迎接戏灯是极重要的活动，矛盾在于正月初挂出祖像，所以初一动工赶在十三上灯，只有十三天时间，匆匆赶造情况可以想见。这虽然只是民间流传的一种说法，但是原思源堂梁柱构架较简单，无雕饰、无油漆，似乎确是为了赶时间而作的。原思源堂三间二弄，中间开井，前面门厅，左右为廊。

八字门前有旗杆一对。原思源堂口破败,现存建筑为旅游开发所重新修建,但门厅与左右走廊未恢复。思源堂虽是大房的祠堂,由于大部分后裔迁诸暨,一切祭祀活动与修谱,与亨支余庆堂一同进行。

③义门牌楼。义门位于龙门古镇中。孙氏宗谱记载,明嘉靖年间,时遇旱年,颗粒无收,孙权三十八世孙孙潮,字景祺,不仅代缴全村皇粮,还以千余石积谷救灾,赖以存活者甚众,得到朝廷褒奖。嘉靖二十三年(1544),县令奚朴题写"义门"二字,义门牌楼至今保存完好,为砖砌门楼,脊吻、雕刻均精美无损。不失当年豁达豪迈之风貌。原有厅屋毁于明末战乱,仅保留砖砌门楼与部分库房。

④工部牌楼。工部,即承恩堂,又称"冬官第",是明时朝廷六部之一。砖砌门楼建于明代,是孙权三十九世孙孙柽,号龙峰,为纪念先祖工部郎中孙坤所建。厅屋毁于太平天国时期,民国初年重建。孙氏宗谱记载:孙权三十一世孙工部郎中孙坤,又名福远,字景佑,号素庵,是明永乐乙酉科举人。明成祖时,为工部都水清吏司主事,负责督造郑和下西洋长151米、宽62米、可载千人的巨舰80余艘,赴太仓刘家港出长江入海,为伟大的航海家郑和下西洋作出过重大的贡献。

⑤同兴塔。同兴塔是一座典型的风水塔,建于清康熙年间。位于龙门镇西1公里半的石塔山,由龙门孙昌募捐选风水宝地,建于康熙十六年(1677)。塔身造型优美,古朴挺拔,与龙门村遥相呼应,现为区级文物保护单位。

⑥古桥。古桥承担着村落中重要的交通联系功能,也记载着古村落的历史变迁,是古村落传统元素中重要

5.丰富的特色美食。

①面筋。据传说是孙权出征前,其母为儿特制的美食。孙权历代后裔继承本家传统配方,用手工精制成风味独特的面筋,流传至今已有一千余年了,是高档宴会、家宴和馈赠亲友的佳品。品种丰富,包括红烧三鲜面筋、面筋猪蹄煲、面筋老鸭煲、油炸面筋、冷盘等。

②文台粉条。相传孙坚(孙权的父亲,字文台)十七岁那年在钱塘打击海贼时,天大旱,众将士饥渴难耐。孙坚遂命居在山间的农户准备粮食。农户家贫,家中只有地瓜、粉条,便混在一起煮熟之后供孙坚和部下食用。众人品尝之后,觉得异常鲜美。此时,忽然风起云涌,顷刻大雨倾盆,大旱天气顿减。自此,钱塘、富阳有食用粉条的习俗,以求风调雨顺。用料:

的组成部分。龙门古镇的古桥主要有万庆桥、三房桥、太婆桥、万安桥,除万庆桥建于明崇祯年间外,其余都为清代所建。古桥多经历了古镇的发展兴衰,几经变迁。太婆桥原为龙门溪上一座木桥,清嘉靖年间改为两孔石板桥,新中国成立后,无栏杆的石板桥很不安全,1981年下半年石板桥加阔为水泥桥。

粉条、肉丝、本芹丝、香干丝、红椒丝。

③国太豆腐。孙权的母亲吴国太一生节俭持家,教子有方,而且她还擅长烧各种各样的家常菜,"国太豆腐"相传就是由她捡了几颗地上的毛豆而制作出来的。这道菜用陈年猪脚炖豆腐,文火煨,酥香醇厚,鲜嫩可口。用料:陈年猪脚、石磨豆腐。烹饪方法:慢火炖两三个小时,盛放用煲最适宜。

④江东元宝。相传,三国时孙权之母吴国太爱吃猪蹄,适逢寿诞,当时有江西籍厨师回乡探亲时带回当地特制蜜糖,取猪蹄前段做成元宝形状,文火煨之敬贺。此菜汁稠味美,酥香醇厚,颇受国太及孙权之厚爱。用料:猪蹄、蜜糖、冰糖、高汤、酱油、精盐、味精、葱、姜。烹饪方法:猪蹄过水(使肉质富有弹性),用砂锅,以葱、姜垫底,取高汤、蜜糖、冰糖用旺火烧开,小火慢炖。

(二)精神要素

1."耕读传家"的祖训。龙门孙氏秉承"耕读传家"祖训,历来十分重视文化教育,故自宋至明清,外出当官的比较多,生活也较周围乡镇更

富裕一些。《龙门孙氏宗谱》有云："子孙半列儒林，咸饶富有。"整个古镇由众多以厅堂为中心的居住院落组合而成，简称为"厅屋组合院落"。一支或一房以一座厅堂为主体，环以住宅，筑起高墙，成为一个居住点。正如《龙门孙氏宗谱》所载："孙氏千有余家，各房聚处皆有厅以供阖房之香火。"《龙门孙氏宗谱》记载：明代时期耕读世家先祖孙伯玉，教育子孙要"重农勤读、力田孝弟、勤俭持家"，人要学会耕读传家本领，房族、家庭才能兴旺与团结，社会和谐，国家强盛。增知、育人，家训、族规，规范了本族后人的言行，明代龙门三房先祖惠庵公孙颐的《垂教四箴》，即《孝箴》《悌箴》《勤箴》《俭箴》四篇箴言，是育人的经典篇目。

2."孝义为本"的传统。龙门孙氏繁衍至今已一千余年。一千多年来"孝义"为做人之本，"孝义"之心不可无。宗族最大的事莫过于祭祖，每逢农历二月初二、十月十八，即举行盛大而隆重的春秋二祭，其程序祖宗世代相传，郑重而繁复。宗族第二件大事是每隔二十年修一次宗谱。"谱牒所载，不拘远近，随支随派，一一备份。上遗一祖非孝，下失一孙非仁。"《龙门孙氏宗谱》自宋至民国近一千年，从不中断。一部宗谱分32卷、61册，皇皇巨著，蔚为大观。祭祖、修谱、修祠堂，其经费均由各房族的"族产"收益支付，数千亩族产，奠定了龙门宗族文化的物质基础。龙门孙氏祭祖每年举行，传颂于海内外，每年祭祀活动都在颂扬、传承"孝义"美德之举，为祭祖重点内容。古代有乐善好施的孙孟骞建同兴塔、改道两溪、建勾留亭、修建万庆桥、中途置义渡等造福后人，义门先祖孙潮为全村代缴皇粮，拿1000石稻谷赈灾、独造富春江江堤。龙门古代有一"仿西湖"，据传孙潮母亲年迈的时候，很想去杭州西湖游玩，可行动已十分不便；孙潮为满足母亲愿望，出巨资在龙门西南面开挖水塘，仿杭州西湖周边隔株杨柳隔株桃的种植，置画舫于湖中，并在小山坡建雷峰殿，供年迈母亲游览观赏。孙孟骞、孙潮两人是龙门孙氏"孝义"之举的典范，被后人所传颂。

3."天人合一"的理念。龙门古镇的民居均沿山溪而筑。从建筑格局上看，"前有照，背有靠"，古镇形制暗合"天人合一"的原理。从地理位置上看,古镇先民选择在龙门山与富春江之间安家落户,也与今人推崇的人与自然和谐理念颇为吻合。龙门古镇四面环山,围出一片平原,剡溪由西向东穿其上流过,原内土地肥沃,水源充足,实是安居避世的极佳场所。北面的剡溪与龙门溪呈"丁"字相交,将古镇一分为二,溪流潺潺,由龙门瀑布奔流而下,飞珠溅玉,沿路密林修竹,幽深蔽日。青山绿水互相映衬,绿野田园延至山边。古镇选址于此,即是因为这里山水俱佳的自然环境。以中国传统观念而言,此处是山水汇聚、藏风得水之地,是择地而居的上好场所,适合安居乐业。

(三)制度要素

1. 传统的风水观。"风水"也称"相地",主要是对周围环境与地景进行研究,强调用直观的方法来体会、了解环境面貌,寻求良好的生态和有美感的地理环境。《风水辨》中有段精彩的解释:"所谓风者,取其山势之藏纳,土色之坚厚,不冲冒四面之风,与无所谓地风者也;所谓水者,取其地势之高燥,无使水近夫亲肤而已,若水势屈曲而环向之,又其第二义也。"实际上重视的是如何有效地利用自然、保护自然,使城市、村落和住宅与自然良好地相配合、相协调。除此之外,中国哲学的两个流派(儒家和道家)也都把怎样使自己的生命和宇宙融为一体作为重要的问题加以研究。如道家以静入,认为凡物皆有自然本性,"顺其自然"就可以达到极乐世界;儒家从动入,强调"生生之谓易",即生活就是宇宙,宇宙就是生活,领略了大自然的妙处,也就是领略了生命的意义。这种"天人合一"的哲学观念,长期影响着人们的意识形态和生活方式,造成了崇尚自然的风尚。阴阳风水观便是从这里引伸来的。

2. 等级分明的社会规范和道德规范。对于宗族家庭生活来说,自古就是尊卑有序、长幼有别,它是一种构成或稳定中国传统社会的历史法则。礼制观念和等级制度自始至终制约着汉族的社会行为和生活方式,自然也左右着建筑的创作和建造，它对于不同的时间、地域的建筑的影响也是不同的。但总体来讲，国家的政策措施，对家族、宗族的发展还是具有较大的影响，一方面维持大宗族的发展可以维护封建政权和社会的安定，另一方面大宗族的发展也是要以不威胁封建统治为前提的。历代王朝除了在经济上对此进行控制外，在建筑等级上也不厌其烦地做出了一系列准则。数千年来，我国传统的居住建筑就是在这相互矛盾的因素中发展起来的。

3. 古老的宗族聚居方式。龙门古镇建筑总体布局是江南古代宗族聚落形态的典型反映。整个古镇由众多以厅堂为中心的居住院落组合而成，简称"厅堂组合式院落"。一座厅堂是一房或一支的祠堂，以它为主体，环以住宅，围以高墙，成为龙门孙氏宗族下一房一支的集居点。

4. 丰富的民俗活动和祭祀习俗。在古代，龙门孙氏祭祖分春秋两季举行，春季在农历二月初二，秋季在农历八月十八；由族长发动，各房房长响应，祭祀经费由祠堂田、祭田出租轮种作保证。随着时代的变化，对祭祖文化进行挖掘，整理出一整套祭祖仪程、供品种类，规范龙门孙氏祭祀活动。此外，龙门古镇的民俗活动有龙灯、竹马（浙江省级非遗）、魁星、腰鼓舞等，都会在春节、龙门庙会期间临近村庄、富阳区域内表演，享有一定美誉。

（四）语言和象征符号

1. 教化育人的传说故事。龙门孙氏自公元980年，吴大帝孙权第27世孙忠移居龙门以来已有1000余年，千百年来龙门孙氏继继绳绳，繁衍昌盛，成为富春望族。族人之间留下众多传说故事，有厅堂、牌楼、古塔、古寺庙、古溪流、古桥、古街、孝廉等故事，后裔族人编写出版《细说龙门》《闲谈龙门》《龙门古镇厅堂》《龙门古镇传说》《历代诗人咏龙门》等传说、纪实故事书籍，这些故事是孙氏族人的精神食粮，是当今社会用以教化育人的标本，为倡导社会和谐、邻里团结、家庭和睦起到了积极作用。

2.独特的建筑艺术和美学样式。在各个历史朝代的发展过程中，人是创造历史的动力。雕刻文化的发展：厅堂建筑从明代的粗犷，发展到清代的精雕细刻。雕刻手法随主题而变，主要有浅浮雕、镂空雕、复合叠加等手法。龙门古镇的木雕题材一般来讲都有一定寓意，经过长期的使用，逐渐被人们熟悉和接受。这种表达含义的方式主要是谐音、隐喻、比拟、联想等手法，它们分别寄托着农业社会乡民的理想和感情及价值取向，反映着他们对生活的热爱和憧憬，包含着封建社会里的文化心理和价值观。代表厅堂有慎修堂（又名百狮厅）、山乐堂等。雕梁画栋，百狮争霸、三国水浒人物、二十四孝等栩栩如生。

二、核心基因提取与评价

基于对材料的全面、深入分析,得出本文化元素的核心基因:"'耕读传家'的祖训""'孝义为本'的传统""'天人合一'的理念""古老的宗族聚居方式""丰富的民俗活动和祭祀习俗""独特的建筑艺术和美学样式"。

龙门古镇核心文化基因评价依据

评价项目	评价因子	评价依据(特点)	是否
生命力评价	文化基因存续的时间	自出现起延续至今,未曾明显中断	√
		自出现起延续至今,但多次衰微、中断后复兴	
		曾明显衰败,改革开放后开始复兴或历史溯源关键环节缺失,难以考证	
		文化形态主体已灭失,现存部分痕迹	
	文化基因的稳定性	在发展过程中保持相当稳定的状态	√
		在发展过程中存在明显的精神内涵、表现形式剧变	
凝聚力评价	文化基因的凝聚力及社会动员效果	曾广泛凝聚起区域群体的力量,显著推动过社会经济文化的发展	
		曾部分凝聚起区域群体力量,对社会经济文化的发展产生过影响	√
		凝聚过力量,创造过实际的发展动能,但未见对社会经济文化发展产生显著改变	
		仅在历史文献或口耳相传中存在,未见实际介入社会经济发展	

续表

评价项目	评价因子	评价依据（特点）	是否
影响力评价	辐射的范围	具有全国性、世界性的影响力	
		具有长三角区域、浙江省影响力	√
		具有市县、乡镇影响力	
	提炼的高度	已经被古代文人士大夫和当代学者提炼为精神符号和理念理论	
		单纯的样式、造型、工艺技术规范	√
发展力评价	与当代精神追求和价值观念的契合	传统文化基因得到创造性转化、创新性发展；区域革命文化基因被完整继承、广泛弘扬；区域社会主义先进文化基因成为与浙江"三个地"相适应的文化高地	
		部分转化、部分弘扬、部分发展	√
		难以转化、难以弘扬、难以发展	

说明：基因特点评价是对解码出来的基因，根据本《导则》表2的要求，围绕"四个力"逐一对表打"√"，进行定性表述

（一）生命力评价

龙门古镇不仅是吴大帝孙权故里，还是全国最大的孙权后裔聚居地，而且有旖旎的自然风光——巍峨峻峭的龙门山高耸入云，飞珠溅玉的瀑布飞流直泻，青翠幽深的山岭云遮雾绕，古朴的村落曲径通幽。更有深厚的文化积淀——被称为封建宗族活化石的宗族文化，被称为江南明珠的古建筑文化。神秘的宗教文化，瑰丽的民俗文化，多姿多彩的饮食文化。还有灿若群星的俊彦硕儒、廉官良臣、仁人义士。这里是中国几千年农村的缩影，是浓缩版的中国历史，所以到这里来仔细省察，可读懂中国。为此，国内外游客纷至沓来，穿街走巷，饱览古镇风光；登堂入室，了解吴大帝后裔前世今生；寻古探幽，求解古镇文化。龙门孙氏文化底蕴极为丰富，有着极强的生命力。

· 070 ·

（二）凝聚力评价

龙门古镇孙氏在鼎盛时有100多座厅堂，宗祠有两座，而厅堂是宗祠下面各房各支祭祀与议事的场所。宗族议事在孙氏宗祠"余庆堂"举行。孝敬长辈不仅是古代儒家伦理道德的基础，也是"三纲五常"的核心内容，为此龙门孙氏历代祖先特别注重这方面的教育与规范。《龙门孙氏宗谱》所载祖宗遗训"四箴"，主要内容就是"孝箴"，不仅在伦理道德上谆谆教诲，而且对如何孝敬父母作了具体规范，龙门有众多厅堂就以孝道来命名，如孝友堂、育德堂、怀德堂、诚德堂等等，并且在宗谱里对虐待父母、乱伦蔑纪的人作了特别规定——"乱伦蔑纪，为禽兽之行者，削其名"，使他生不齿于族，死不列于祠，名不入于谱，这在族里算是最严重的处罚。流传至今的祖训为团结睦族起到了关键性作用。

（三）影响力评价

龙门古镇以独特的明清古建筑群而闻名，既为现今江南地区明清古建筑群中保存较为完整的山水田园古镇，也是杭州地区唯一的"中国历史文化名镇"。2013年，龙门镇在美国《纽约时报》亮相，一时间古镇蜚声海外，在全国甚至海外都有知名度。

（四）发展力评价

当前，龙门古镇正在抓保护强活化，持续加快古镇复兴进程，建设古韵龙门。对照世界遗产地的标准，做好环境修复、风貌协调、古建筑修缮等工作，推动古镇环境复兴；重点做好古建筑活态化利用，培育影视、文创、电子商务等和古镇个性相适应的新兴产业，突出活态展示与文化传承，推动古镇经济复兴；深挖精研特色文化基因，推动古镇文化复兴，如深挖宗族文化传统、名人文化、红色文化等。在当前文旅融合、文化大发展的背景下，龙门古镇具有良好的发展力。

三、核心基因保存

"'耕读传家'的祖训""'孝义为本'的传统""'天人合一'的理念""古老的宗族聚居方式""丰富的民俗活动和祭祀习俗""独特的建筑艺术和美学样式"作为龙门古镇的核心基因,其文字资料《富阳县志》《富春志》《富春龙门孙氏宗谱》等保存于富阳区文化基因解码资料库,实物资料保存在富阳龙门古镇。

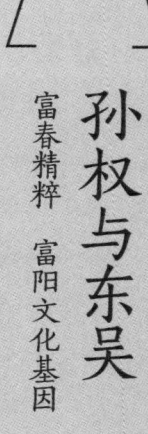

孙权与东吴

富春精粹　富阳文化基因

孙权与东吴

距今约 1800 年的三国时期，中国大地上涌现出众多个性鲜明、各具魅力的英雄豪杰，演绎出一段以战争、英雄、美人、江山、谋略、情谊为主旋律的辉煌历史，成为中国历史长河中最为绚烂和激动人心的篇章。孙权这位东吴政权的领导者无疑是这段震古烁今历史里绝对的主角。建安五年（200），年仅26 岁的孙策遇刺不治身亡。19 岁的孙权承兄遗命，在艰难的时局中接掌江东政权，北拒曹操，西挫蜀汉，南融百越，东涉台湾，开创了魏蜀吴三足鼎立、三分天下的大势，也开启了他

"年少万兜鍪,坐断东南战未休"的辉煌人生。

富阳(古称富春),是英雄孙权的故里和东吴的发祥地。孙氏一族的历史可以追溯到春秋时期。军事家孙武因有功于吴王阖闾,得封地建采邑于富春江边,邑名富春。战国后富春人口凝聚,为秦代在这里设置富春县立下基础。孙武之子孙明为富春孙氏第一世,传至汉末则有孙权父子三人相继称雄,主导了三国鼎立的局势。东吴崛起的历史,若以公元208年赤壁之战——孙权以少胜多大破南下的曹操大军、保障江东立国算起,至今已有1800多个年头。

在漫长的岁月中,孙氏一族和东吴政权对富春一带的影响无处不在。与孙氏一族相关的历史古迹、建筑文物、传说故事、风俗习尚众多,历来为世人与学界所瞩目。如场口化竹、王洲瓜桥埠、龙门古镇等是孙氏一族活动和聚居的地方,至今留有吴大帝庙、孙家园、集善亭碑、孙氏宗祠等建筑和文物。孙氏祭祖、孙权家酒、孙氏祖图等民俗流行至今。同时,孙权及其父兄、宗亲和谋士、部将的功绩和故事,以及与孙权有关的地名、古迹、风物和风俗的故事也在富春百姓中口耳相传。这些传说与故事在民间代代传承,经当代学者整理汇编的就有近百个。

近年来,为实施文化强市战略,加强对地域历史文化资源的研究和挖掘,深化优秀传统文化的传承、宣传和利用,富阳区以"孙权故里""孙权后裔聚居地"为抓手,围绕富春山水环境和"三国文化"两张文旅金名片,通过社会各界的努力,富阳区东吴文化的研究、保护、利用工作已初见成效。以东吴文化公园为起点,至孙权故里王洲、化竹转道直抵孙权后裔最大聚居地龙门古镇的东吴文化旅游线建设取得了良好的成绩;《孙权传说》一书由中国文联出版社出版;"孙权传说"被列入第四批浙江省非物质文化遗产名录。2017年,建设历时三年之久的东吴文化展示厅顺利落成,为三国东吴文化史料陈列、文物保管、文化讲堂、学术交流提供了一个多功能文化场所。

一、要素分解

(一) 物质要素

1. 奇美灵秀的富春环境。富阳古称富春，历史悠久，人才辈出。它于公元前221年置县，至今已有2200多年的建城史，是一座典型的江南山水文化古城。一脉灵气的富春江横贯全境，造就了富阳的奇山异水，唐朝诗人吴融曾在《富春》一诗中写下了"水送山迎入富春，一川如画晚晴新"的佳句。元代吴恒亦赞道："天下佳山水，古今推富春。"

2. 古老神秘的孙权故里——王洲。王洲位于富春江上游，东距富阳城20公里。原名孙洲，因出了孙权改称王洲。该洲面积约7平方公里，横亘江心，把江水劈为南北两股。北边仍为富春江，南面那条小江叫瓜桥江，因孙权的祖父孙钟曾在此种过瓜而得名。当地至今还流传着一个有趣的传说：相传孙钟是个孝子，以种瓜为业，奉养母亲。因孝动天，三仙人下凡，化作三少年，到瓜地里向孙钟要瓜吃。可孙钟的10亩瓜地这年只长了1个西瓜，但他毫不吝啬，摘下西瓜对半劈开，一半送给三少年品尝，一半言明要奉献老母。三少年临走时对孙钟说："你向前走100步筑坟葬母，子孙必为帝王。"孙钟走了30多步，心中犹疑，回头一看，只见三少年化成白鹤飞入云端。后来，家人依三少年遗言行事，孙权果然做了皇帝。但只因为

孙钟没走完百步，所以三分天下只占一分，造成魏、蜀、吴三国鼎足之势。这个传说借助迷信色彩，把这位发迹民间的古代帝王描绘成天意的安排。如今，在这块帝王发迹的土地上，不仅保存着传说中的10亩"雄瓜地"和记述孙权逸事的碑记，还有孙权后裔修造的祠庙和世代延续下来的《孙氏宗谱》。

3.孙权后裔聚集地——龙门古镇。龙门古镇位于富阳城南20公里，地处富春江龙门山下，距杭州城54公里，传因东汉严子陵曾赞叹"此地山清水秀，胜似吕梁龙门"而得名，现为三国东吴大帝孙权后裔最大的聚居地。古镇面积2平方公里，2000余户居民，7000余人口，90%以上的村民是孙权家族的后裔。

这里是现今江南地区明清古建筑群保存最为完整且极为罕见的山乡古镇，以两座孙氏宗祠为中心，共建有40多座孙氏厅堂、3座砖砌牌楼和1座古塔、1座寺庙。古镇内屋舍房廊相连，长街曲巷连贯相通，外人进入镇里，如入迷宫。古镇里有卵石铺成的小路，还有以卵石作墙垣的民宅民居，处处散发着山村的粗犷与清新，与古樟、小桥、溪流、古街一起构成了龙门古镇独特的风景。

4.气势恢宏的东吴文化公园。东吴文化公园位于富阳城西富春江之滨，鹿山之侧，是一个以弘扬三国文化为主题的大型休闲公园。公园建筑面积6800多平方米，水系面积47000多平方米，绿化及铺装面积分别达14600

· 078 ·

多平方米、13730平方米。公园以入口广场为核心的入口景区设计有广场、古城门、景观水景等。有寓意三国鼎立的巨大古鼎及造型壮观、磅礴的古城门，让游人一走进公园便感觉到浓浓的"三国"气息。经古城门往里，便会走入休闲娱乐景区。此景区主要包括鹿山书院、茶室、景观湖泊、休闲草坪等。据了解，鹿山书院为一组中型建筑。定性为文化建筑的鹿山书院，将会成为诸如诗印社、棋画院的文化场所。再向纵深延伸，分别是东吴文化景区和密林景观。东吴文化景区是整个公园的灵魂。其范围内有三国文化馆、东吴街肆、点将台和一些精致的反映"三国"内容的雕塑。在东吴文化景区内，沿途还设有一些古战场，通过一系列表演活动，以模拟三国时期的战争场面，借此突出公园的历史文化定位。另外，密林景区中有一些林区景区、次入口广场和人造水景等，供游人观光、休闲。

（二）精神要素

1. 举贤任能、共治东吴的组织智慧。孙权能够雄踞江东，坐断东南，离不开他唯才是举、知人善任的组织智慧。掌权后的孙权，一改孙策杀伐之气，招延俊秀，聘求名士，昔日仇家子弟和旧部也都一并任用，如刘基、陆逊、孙邵、是仪、滕耽、滕胄、太史慈。对于大量避乱江东之人，孙权更是不分出身家世地挖掘人才。一时诸葛瑾、步骘、严畯、张承等人都先后出仕，济济一堂。孙权紧紧地将孙氏宗亲、淮泗集团、江东本土大族士家、寒门庶族的优秀人才团结在一起，为东吴政权的稳定和巩固打下了基础。

2. 精诚团结、各尽其心的团队精神。自曹操迁都许昌、控制朝堂后，四方之士云集而来，不少避难荆扬之地的人才纷纷北归。曹操更借天子诏书、三公征辟从江东挖人，后来的曹魏名臣陈矫、徐宣、徐奕、王朗、华歆正是从江东返回的。然而，以张昭、周瑜为代表的政权核心力量以强大的向心力凝聚起整个团队，使东吴成为能与曹刘抗衡的一霸。张昭辅佐孙权，绥抚百姓，使得"诸侯宾旅寄寓之士，得用自安"。周瑜劝归、推荐鲁肃，为东吴储才。在面对蒋干游说时，他当众表态"丈夫处世，遇知己之主，外托君臣之义，内结骨肉之恩，言行计从，祸福共之"。自此江东上下，精诚团结，铁板一块。

3.韬光养晦、以图大业的尚武精神。孙权具有韬光养晦、以图大业的战略智慧。延揽人才后，他发动战事，恩威并施，将所俘获、招募的山越、流民充兵补户，使东吴的兵员、户口一时剧增。在军队建设上，他增兵扩编，汰弱留精，将兵质量大为提高。同时，他兴修水利、大开屯田，使军屯民田遍布郡县。自此，孙权治下的江东兵精粮足、将士用命，只待复仇。

（三）制度要素

1.以血统为基础的宗族伦理秩序。据资料介绍，宋初孙权第二十六世孙（宋奉议大夫，具体名姓已不可知）迁居龙门定居，孙权的后代在此已经生息繁衍了60多代。这里百分之九十以上的村民都是三国东吴大帝孙权家族的后裔。龙门孙氏定居早，人口众，迁徙广，受到海内外人士的关注。龙门孙氏虽已迁居多年，但至今还按各自房系的厅堂围聚而居，保留着以血统为基础的宗族社会的伦理道德与尊卑之序，是罕见的宗族社会缩影。

2.隆重的祭祖大典和丰富的民俗演艺。为了纪念东吴大帝孙权的丰功伟绩，每年的农历十月十九，龙门古镇都要举行祭祖大典。在孙权故居前，礼花四起、鼓号齐鸣。整个大典由孙氏家族最为年长、德高望重的孙家后代主持，各级政府官员也参与庆贺。精彩绝伦的瀑布神龙表演、孙权战马表演和跳"竹马舞"，再现了三国宏伟壮阔的战争场面、自强不息的帝王之风。"孙大嫂腰鼓队"的表演，表现出古时"军嫂"的飒爽英姿。

大典的文艺活动中，当以孙权后裔们表演的跳"竹马舞"最为精彩壮观。其中的"火烧赤壁""火烧连营"，表演孙刘联合将曹操打得落花流水的场面最为热闹，数十位演员个个脸涂条花，身穿袍甲，骑着色彩多样的各式竹马，各自扮演战争双方的主要大将。交战一开始，十人十马一齐上阵，随着令旗翩翩起舞，排出剪刀、四角、菊花等阵式，表现出双方激烈混战的争斗场面。随着锣鼓节奏的加快，一对对竹马逐渐退场，表现几经回合伤亡惨重。最后，台上只留下双方主将孤身奋战，决一雌雄，再现了当年浴血横飞的三国征战场面。

（四）语言和象征符号

1. 鼎足三分、坐断东南的英雄形象。公元208年，孙权联合刘备在赤壁大败曹操，奠定了天下三分的鼎足之势。不久他又联曹反蜀，夺荆州，败刘备，于公元229年在武昌（今湖北鄂州）称帝，国号"吴"，建年号为"黄龙"，不久迁都建业。他一生雄踞江东，励精图治，礼贤下士，知人善任，坐断东南以成王霸之气，成为举足轻重的风云人物。据史载，他形体奇伟，方颐大口，目有精光，性格开朗，仁而多断，好侠养士，始有知名。孙权的伟岸体貌、卓越品格以及丰功伟绩赋予了他"鼎足三分、坐断东南"的英雄形象。

2. 立意深远、气势磅礴的文学作品。三国以后，历代不乏文学家对英雄人物孙权的赞美，留下了诸多立意深远、气势磅礴的文学作品。北宋时，大文豪苏轼在《江城子·密州出猎》一词中以"亲射虎，看孙郎"描写了一次出猎的壮观场面，借孙权射虎典故抒发了杀敌为国的雄心。南宋时期，著名词人辛弃疾登临京口（今镇江）北固亭时，触景生情，写下了《南乡子·登京口北固亭有怀》《永遇乐·京口北固亭怀古》，两首词中以"年少万兜鍪，坐断东南战未休""生子当如孙仲谋""千古江山，英雄无觅、孙仲谋处"盛赞了孙权的英雄气概和丰功伟绩，在表达自己一腔爱国豪情的同时委婉地暗示了自己对于朝廷的不满。

二、核心基因提取与评价

基于对材料的全面、深入分析，得出本文化元素的核心基因："古老神秘的孙权故里——王洲""孙权后裔聚集地——龙门古镇""韬光养晦、以图大业的尚武精神""鼎足三分、坐断东南的英雄形象""隆重的祭祖大典和丰富的民俗演艺"。

孙权与东吴核心文化基因评价依据

评价项目	评价因子	评价依据（特点）	是否
生命力评价	文化基因存续的时间	自出现起延续至今，未曾明显中断	√
		自出现起延续至今，但多次衰微、中断后复兴	
		曾明显衰败，改革开放后开始复兴或历史溯源关键环节缺失，难以考证	
		文化形态主体已灭失，现存部分痕迹	
	文化基因的稳定性	在发展过程中保持相当稳定的状态	√
		在发展过程中存在明显的精神内涵、表现形式剧变	
凝聚力评价	文化基因的凝聚力及社会动员效果	曾广泛凝聚起区域群体的力量，显著推动过社会经济文化的发展	√
		曾部分凝聚起区域群体力量，对社会经济文化的发展产生过影响	
		凝聚过力量，创造过实际的发展动能，但未见对社会经济文化发展产生显著改变	
		仅在历史文献或口耳相传中存在，未见实际介入社会经济发展	

续表

评价项目	评价因子	评价依据（特点）	是否
影响力评价	辐射的范围	具有全国性、世界性的影响力	√
		具有长三角区域、浙江省影响力	
		具有市县、乡镇影响力	
	提炼的高度	已经被古代文人士大夫和当代学者提炼为精神符号和理念理论	√
		单纯的样式、造型、工艺技术规范	
发展力评价	与当代精神追求和价值观念的契合	传统文化基因得到创造性转化、创新性发展；区域革命文化基因被完整继承、广泛弘扬；区域社会主义先进文化基因成为与浙江"三个地"相适应的文化高地	√
		部分转化、部分弘扬、部分发展	
		难以转化、难以弘扬、难以发展	

说明：基因特点评价是对解码出来的基因，根据本《导则》表2的要求，围绕"四个力"逐一对表打"√"，进行定性表述

（一）生命力评价

王洲地区、龙门古镇是富阳最具代表性的、与孙权密切相关的历史建筑遗址，龙门古镇则世代居住着孙氏后人，并将祭祖大典以及各类民俗演艺传承至今。

（二）凝聚力评价

孙权故里王洲、后裔聚集地龙门古镇以及各种民俗、演艺活动是孙氏一族在富春兴起、繁衍、发展的例证和成果，也是东吴文化在此传播发展的重要载体和推动地方文化、旅游、经济发展的重要通道。

（三）影响力评价

富阳以孙权故里、东吴发源地著称，是有史实依据的。因此，无论是东吴文化的传播，还是以东吴为内容的旅游产业的发展，都在国内形成了较高的知名度，三国、东吴文化的研究学者以及游览富春、探寻孙氏根脉的游客从全国各地蜂拥而来。由此可见其核心基因之知名度。

（四）发展力评价

近年来，王洲、龙门古镇以及与三国、东吴文化相关的民风民俗、饮食都得到了较好的保护、传承和发展。东吴文化公园、王洲、化竹、龙门古镇等点汇聚而成的东吴文化旅游线建设取得了良好的成绩；文学创作、出版以及各类保护项目申报工作有条不紊，取得了巨大进展。

三、核心基因保存

"古老神秘的孙权故里——王洲""孙权后裔聚集地——龙门古镇""韬光养晦、以图大业的尚武精神""鼎足三分、坐断东南的英雄形象""隆重的祭祖大典和丰富的民俗演艺"作为孙权与东吴的核心基因,《龙门古镇》《吴大帝孙权和富阳的东吴文化》等文字资料保存于富阳区文化基因解码调查组资料库。出版物和古文古籍有《三国志》《两浙第一世家——吴越钱氏》《杭州城市发展史》《资治通鉴》《三国东吴经营台湾考》。《孙权像》等20项图片资料保存于富阳区文化基因解码调查组资料库。另外,富阳区有记述孙权逸事的碑记、孙氏宗祠《孙氏宗谱》等实物资料。

郁达夫故居

富春精粹 富阳文化基因

郁达夫故居

郁达夫，原名郁文，字达夫，生于浙江富阳城内的知识分子家庭。郁达夫在家排行最小，三岁丧父，七岁入私塾开始接受启蒙教育，九岁即能赋诗，十四岁便有自创的旧体诗见于报端，新式教育奠定了郁达夫深厚的中国古典文学功底。1913年，郁达夫随兄留学日本，开始接触西洋文学和尝试小说创作。1921年，创造社在东京成立，郁达夫是主要发起人之一，他的文学活动生涯正式拉开帷幕。同年，第一本小说集《沉沦》问世，产生了巨大的社会影响，郁达夫以青年作家身份进入文坛。随着次年论文《艺文私见》在《创造季刊》上的发表，郁达夫的文艺理论思考与写作也紧随其文学创作展开，在中国文坛上掀起了一股"郁式"旋风。此后，郁达夫结束十年留学生活回到祖国继续未完成的文学事业，他的一生走过了中国现代历史上的几个重要阶段，书写了个人的创作"史诗"，是中国现代文坛上的瑰宝。

郁达夫是一个天才的诗人，诗人的气质使他倾向于用情感代言，用情感支配写作；他是一个人文主义者，强调自由和人性解放、对人的个性的关怀；他也是个真正的爱国主义者，抗日战争时期用笔参加战斗，通过政论反映战争现实和人民情绪。郁达夫在文学领域里成就卓越，是"五四"文坛巨匠之一，他的作品提供给我们认识那个时代的现实材料，他的现身说法表达了那个时代青年人的苦闷，引起了广大青年的强烈共鸣。在文艺理论中，郁达夫也走过了一条曲折复杂的道路，游移于现实与浪漫之间，他骨子里永远留存着浪漫主义情怀，随现实环境需要最终达到了对现实主义的正确认识。

一、要素分解

（一）物质要素

1. 风雨飘摇的时代背景。19世纪末，中国社会动荡剧烈，变化巨大。几千年的封建社会伴随着清王朝的风雨飘摇渐渐走到了末路。中国社会不再是单一的传统农耕社会，而是与现代工商并存。社会的变化随之引起思想的变迁。文化多元和价值多元是时代发展的趋势。缤纷的外来文化和文学思潮是汹涌而至的不可阻挡的潮流。它们与中国古老的传统文化相遇并撞击。中国历史进入文化狂欢的时代。文化的狂欢需要文学去表达，在这样的中国现代文学史的舞台上，一批不寻常的作家崛起了，这是一个"需要巨人而且产生巨人"的时代，他们出生成长并且有幸成为思想和文化方面当之无愧的巨人。这一代作家所拥有的知识储备和文化修养是后来者所难以企及的。这一代作家有着惊人的思想深度和复杂的精神世界，这在任何一个单一的民族文化和民族传统的国度中都是无法产生的，只有在20世纪初，东西文化碰撞、现代与传统重叠的文化交流的大背景下才能发生。这代作家人生态度、文学观念、审美态度和思维方式的丰富性和复杂性，都是值得我们投入探讨和研究的。郁达夫，中国现代的第一代作家之一，就是在这样的时代背景和文化背景下，走上了他的创作之路。

2. 富阳深厚文化底蕴的浸染。对于郁达夫出生和生长环境的考虑，是研究他传统文人气质所必不可少的。人活在世界里，不会是孤立的存在。自然环境和社会环境都会对人产生影响。"人杰地灵"是中国的一句古话，天地山川，日月精华，滋养着世间万物。郁达夫于浙江富阳出生。"天下佳山水，古今推富春。"富阳山清水秀、景色旖旎，天下独绝的富春江横贯全境，既富山城之美，又具江城之秀，是典型的江南山水小城。"风烟俱净，天山共色。从流飘荡，任意东西。自富阳至桐庐一百许里，奇山异水，天下独绝……"这是郁达夫引用《与朱元思书》里南朝吴均描写富春的语句。郭沫若曾说过："达夫是生在这样地方的人，我相信他的诗文清丽是受了这种客观环境的影响。"由此也可以看出自然环境对郁达夫的影响。

3. 深厚的西方文学素养。1913年秋天，17岁的郁达夫跟着自己被派赴日本考察的长兄东渡日本。从1913年到1921年这近十年的留日时期是郁达夫人生中重要的青年阶段。漫长的求学生涯开始了，郁达夫在这里接受了各种外国文学的熏陶，受到外国文化的影响。在和郁达夫同一时代的众多作家中，郁达夫不是唯一与外国文学有联系的人，却是关系最密切的人之一。关于郁达夫读外国书之多，这里有些许直接或者间接的证明。在九州帝国大学期间和郁达夫就成为至交的郭沫若曾经这样说："达夫很聪明，他的英文、德文都很好，中国文学的根底也很深，在预备班时代他已经会做一手很好的旧诗。我们感觉着他是一位才士。他也喜欢读欧美的文学书，特别是小说，在我们的朋友中没有谁比他更读得丰富的。"另一位好友郑伯奇也有这样的回忆："达夫的外国文学知识也是相当渊博的……他利用这样有利条件，读了不少外国文学的书籍。他读书的范围非常广泛，不专读一个作家，也不专攻一国文学，凡是名著杰作，他大都阅读。甚至初露头角的作家，或者不大出名的作家，只要兴趣相投，他也津津乐道。"他的另一位同学兼好友陶晶孙这样说："我常佩服达夫，他能够把英德法文陆续地读，读得考究仔细，文学不比讲话，不是容易的事体。"郁达夫在出版《过去集》的时候曾作了一篇序——《五六年来创作生活的回顾》，他自己也谈到了在日本读书时的情形："在高等学校里住了四年，共计所读的俄德英日法的小说，总有一千部内外；后来进了东京的帝大，这读小说之癖，也终于改不过来；就是现在，于吃饭做事之外，坐下来读的，也以小说为最多。这是我和西洋小说发生关系以来的大概情形……"十年留学，虽然是东渡，但郁达夫通过在日本接受文化教育的这一途径，获取的是许许多多"西洋"文化的知识。

4. 郁达夫故居。位于富阳区富春路与市心路交汇处（郁达夫公园内），砖木结构，三开间两层楼房，坐北朝南，郁门"双烈"出生于此，并在这儿度过了他们的童年。现保留着部分烈士的遗物，于1996年12月郁达夫诞辰百年纪念日之际对外开放，是杭州市命名的"爱国主义教育基地"之一。

（二）精神要素

1. 建功立业、安邦定国的爱国精神。郁达夫血液中建功立业、安邦定国的思想由来已久。在其自传《远一程，再远一程》里，他就遗憾于自己"不曾躬逢着甲午庚子的两次大难，去冲锋陷阵地尝一尝打仗的滋味"。

1919年，著名的"五四运动"在国内爆发，这时候郁达夫虽然远在日本，却时刻关注国内形势，在他的日记本里记下了自己与祖国同胞一样激动振奋的心情："山东半岛又归日人窃去，故国日削，予复何颜再生于斯世！今与日人约：二十年后必须还我河山。否则，予将哭诉秦庭求报复也。"大革命时期，郁达夫怀着开创新生活的愿望奔赴革命的最前沿广州，但是敏感如他，早早地觉察出隐藏在革命背后卑鄙污浊的不和谐之音。在失望的同时，他写下大量的政论文章抨击黑暗。《广州事情》一发，立刻引起非议。离开广州的郁达夫在他的《病闲日记》里记下了这样的话："……行矣广州，不再来了。这一种龌龊腐败的地方，不再来了。我若有成功的一日，我当肃清广州，肃清中国。"抗日战争时期，他积极参加抗日宣传工作。1936年，郁达夫被福建省政府主席陈仪邀请，前往福建先后担任了福建省省府参议、福建省政府公报室主任等职。郁达夫在此期间参加多次演讲活动，激励福建文化人要坚持民族的气节，积极投身到抗日救亡运动中。

2. "穷则独善其身，达则兼济天下"

的信念。郁达夫并不是一个经济非常宽裕的知识分子。经常处于窘迫境地的他与下层劳动者近距离接触的机会是非常多的。对于民生疾苦的关怀，是他作为中国文人与生俱来的使命感。郁达夫是一个文人，是一个与下层劳动者一样受到那些军阀官僚肆意压迫剥削的文人。因为与他们感受着同样的不公正待遇，对于他们无奈的苦难，郁达夫有深切的体会、无限的同情。郁达夫作品中对下层人民被压迫生活的展现，表现出一种对民族和人民强烈的拯救意识。这种拯救意识是他作为中国传统知识分子社会良知的展现，是千百年来文人历史使命感的体现。我们应该从这样一个爱国、忧民的郁达夫身上看到他"穷则独善其身，达则兼济天下"的救世的人生信念。

3. "尊重政治而又不限于政治"的观念。考察郁达夫的生平经历可以发现，郁达夫在初次卷入政治漩涡时就已展现出这一独立的品格。1926年，受当时南方的革命形势的鼓舞，早期创造社的几位中坚郭沫若、郁达夫、成仿吾、张资平等齐聚广州投身革命。应该说，郁达夫此行是带有极大的期望的，"本想改变旧习，把满腔热忱，满怀悲愤，都投向革命中去的，谁知鬼蜮弄旌旗，在那里所见到的，又只是些阴谋诡计，卑鄙污浊"。是年12月，郁达夫受同仁委派回沪整顿创造社内务，主持出版工作。1927年4月，郁达夫在《洪水》上发表政论《广州事情》，在肯定广州是"中华民族进步的证据"的同时，对广州的政治、教育、农工阶级的现状等几方面的阴暗面加以批评。这在创造社内部引起激烈的争论。时已担任国民革命军政治部副主任的郭沫若写信给郁达夫，责备他，成仿吾也发表《读了〈广州事情〉》，对郁达夫加以公开批评。可以说，正是这一事件，成为郁达夫于1927年8月宣布脱离创造社的主因。郁达夫的独立性，也呈现出"尊重政治而又不限于政治"的观念。一方面，正如铃木正夫所言，"《广州事情》决非以暴露为目的，因而并非反对革命的文章，整个写作动机，自始至终是希望肃清革命策源地广州的腐败，使革命政府成为本来意义上的为民众谋利益的革命政府"，《广州事情》的写作是以对广州革命政府的认可、尊重与期望为前提的；另一方面，对革命政府的认可、尊重，并不意味着独立个体必须受到党派政治、权力关系的制约，更不意味着依附于党派和权力，而是以"代民众说话"为立足点，揭露问题以求解决问题，使我们知道现在我们所有的政治，所有的文化，去理想还有多远，我们进步的速力，实际上只有多少，要如何做去，然后可以增加我们的速力。这实际上是一种不为现成的政治格局所限制，以理想对现实的批判来突破身份地位、权力关系、利害得失等的约束的努力。

4. 抗战必胜的信念。自抗日战争爆发以来，郁达夫无论是在国内还是去国外，都在为宣扬打倒日本帝国主义而进行不懈的创作。郁达夫不仅仅看到了中国常年积贫积弱、持久不振、军阀连年混战、无法一致对外等现状，也看到了其他国家的野心及弊端。因此，郁达夫在小说创作的过程中，强调中国人只有依靠自己的努力，才能够实现自身的解放和独立。他的小说创作为中国各地的民众宣传了众多抗战的内容，并且对于提出正确的策略、战略起到了极为重要的作用。与此同时，郁达夫在小说《沉沦》中对弱国子民"他"的描写，体现出其对民族糟粕文化的痛恨，呼吁人性的解放以及对文化学习的渴望，旨在展现对于海内外集体抗战、集体苏醒的迫切愿望，并肯定了抗战必然会获得胜利的信念。总之，郁达夫始终以手中的笔作为对抗侵略者的武器，用文字来洗刷国人长久以来闭塞的心态，展现出了对侵略者的满腔仇恨和对民族振兴的强烈愿望。尤其是在抗战时期，郁达夫改变了以往的清淡文雅的名士形象，凸显了作为一个中国硬骨文人和战士的本色。

（三）语言和象征符号

1. 零余者。在郁达夫的自传体小说中，有这么一批青年，他们对中国的社会现实也怀着厌恶的情绪。因为他们既不愿意与黑暗的现实同流合污，想追求新的生活，却又止步于自己的卑微，而不能有所作为。他们清高有才，却也傲物放浪。在黑暗社会里受到冷遇、打击的他们痛苦过、迷茫着，在矛盾和苦闷中自暴自弃，更加颓废堕落，最终成为社会的多余人，成为"零余者"。

2. 感伤抒情的诗学理论。郁达夫的悲伤感怀与中国文人感伤传统有关。郁达夫将自己创作中感伤的抒情上升到诗学的理论层面,这也是他对中国传统文化进行系统深入研究之后的结果。艺术的源头在于感情。中国传统诗歌理论里有这样的观点:诗歌就是用来表达自己感情的。孔子有语:"《书》以道事,《诗》以达意。"《庄子·天下》说:"诗以道志。"郁达夫在他的《诗论》中写道:"诗是有感于中而发于外的,所以无论如何,总离不了人的情感的脉动。所以诗的旋律韵调,并不是从外面发生的机械的规则,而是内部的真情直接的流露。"人生有情感,情感需表现,郁达夫的观点与中国传统诗论是一脉相承的。郁达夫对于各种风格作家的各种形式的文学创作的总结就是:感伤是文学的酵素,真正的文学由感伤而产生,是艺术家内部感伤的流露。

二、核心基因提取与评价

基于对材料的全面、深入分析,得出本文化元素的核心基因:"富阳深厚文化底蕴的浸染""郁达夫故居""建功立业、安邦定国的爱国精神""'穷则独善其身,达则兼济天下'的信念""抗战必胜的信念""零余者"。

郁达夫故居核心文化基因评价依据

评价项目	评价因子	评价依据(特点)	是否
生命力评价	文化基因存续的时间	自出现起延续至今,未曾明显中断	√
		自出现起延续至今,但多次衰微、中断后复兴	
		曾明显衰败,改革开放后开始复兴或历史溯源关键环节缺失,难以考证	
		文化形态主体已灭失,现存部分痕迹	
	文化基因的稳定性	在发展过程中保持相当稳定的状态	√
		在发展过程中存在明显的精神内涵、表现形式剧变	
凝聚力评价	文化基因的凝聚力及社会动员效果	曾广泛凝聚起区域群体的力量,显著推动过社会经济文化的发展	
		曾部分凝聚起区域群体力量,对社会经济文化的发展产生过影响	√
		凝聚过力量,创造过实际的发展动能,但未见对社会经济文化发展产生显著改变	
		仅在历史文献或口耳相传中存在,未见实际介入社会经济发展	

续表

评价项目	评价因子	评价依据（特点）	是否
影响力评价	辐射的范围	具有全国性、世界性的影响力	
		具有长三角区域、浙江省影响力	√
		具有市县、乡镇影响力	
	提炼的高度	已经被古代文人士大夫和当代学者提炼为精神符号和理念理论	√
		单纯的样式、造型、工艺技术规范	
发展力评价	与当代精神追求和价值观念的契合	传统文化基因得到创造性转化、创新性发展；区域革命文化基因被完整继承、广泛弘扬；区域社会主义先进文化基因成为与浙江"三个地"相适应的文化高地	
		部分转化、部分弘扬、部分发展	√
		难以转化、难以弘扬、难以发展	
说明：基因特点评价是对解码出来的基因，根据本《导则》表2的要求，围绕"四个力"逐一对表打"√"，进行定性表述			

（一）生命力评价

郁达夫文如其人，他充满浪漫主义感伤色彩的小说、散文和诗歌，既反映了他本人坎坷的生活道路和曲折的创作历程，也表现出"五四"以来一个复杂而不平常的现代作家鲜明的创作个性和独特的艺术风格。他以一种单纯的抒情方式在作品中解剖自己，分析自己，鞭挞自己，使这些作品充满了强烈的艺术感染力量。

（二）凝聚力评价

对郁达夫更准确的定位，应该是"一个天才诗人，一个人文主义者，一个真正的爱国主义作家"。郁达夫具有与中国文人传统相通的精神。不管是中国文人的社会使命感——救世热肠，还是重压之下的逃避——隐逸思想，都在郁达夫的心上烙上了印记，并且透过他的众多作品展现出来。同时郁达夫又是"五四"反传统时代的知识分子，他也能深刻认识到中国传统文化中的诸多糟粕。《公开状答日本山口君》中有他对于传统糟粕的痛恨的声音："我想以一己的力量，来拼命的攻击这三千年的恶势力。我想牺牲了我一己的安乐荣利，来大声疾呼这中国民族腐劣的遗传。"在郁达夫实践中国文人传统的行为过程中，在放达中，他显露民主；在苦语中，他看重自然；在颓废后，他清醒内疚。站在传统文人的位置上，郁达夫接收了外来的文化。在外来文化的影响下，他超越了中国传统。

（三）影响力评价

郁达夫一生为新文学的发展和民族解放事业作出了不可磨灭的贡献。早期作品反映了中国留日学生身在异乡的屈辱生活，以及回国后又遭到社会歧视、为个人生计备受颠沛流离之苦的境遇，深刻描写了当时青年处于军阀统治下在黑暗现实中找不到出路的苦闷心理。《沉沦》《茫茫夜》《茑萝行》《采石矶》等小说问世后，引起广大青年读者的强烈共鸣，具有反帝反封建的时代色彩。他在思想上、创作上受到卢梭、赫尔岑、屠格涅夫、陀思妥耶夫斯基以及日本作家葛西善藏、谷崎润一郎、佐藤春夫等影响，主张"文学作品，都是作家的自叙传"，侧重从主观内心世界出发，表现自我的真挚感情。在倾诉对旧社会的反抗情绪以及反映青春期的苦闷心理方面，充满大胆的自我暴露手法和浓厚的抒情色彩，这使他在小说创作上成为前期创造社浪漫主义倾向的突出代表，并且为一些后起的作家所仿效。正是因为他的这种影响，在20世纪20年代新文学的发展过程中形成了以抒情笔调写小说的艺术流派。郁达夫的文学作品善于用悲凉消极的意象，来反映世事的黑暗腐朽，进而表现出社会底层人民的辛苦生活。比如《春风沉醉的晚上》和《薄奠》等作品，是郁达夫反映现实问题的代表作，表达了郁达夫对底层百姓的关怀之情，在近代文学史上具有强大的影响力。

（四）发展力评价

郁达夫作为我国"新文学的开拓者"和"五四"时期的重要代表作家，为中国现代文学的发展作出了重要贡献。他的文学理论批评具有现代性，他一生都在努力实践着这一理论，使其永葆生命价值。其有理论意义和现实意义，具有良好的发展力。

三、核心基因保存

"富阳深厚文化底蕴的浸染""郁达夫故居""建功立业、安邦定国的爱国精神""'穷则独善其身,达则兼济天下'的信念""抗战必胜的信念""零余者"作为郁达夫故居的核心基因,文字资料《郁达夫研究》《郁达夫与中国文人传统》等保存于富阳区文化基因解码调查组资料库。实物资料保存在郁达夫故居中。

孝子祭

富春精粹 富阳文化基因

孝子祭

孝文化在传统中国社会中，具有非常重要的地位，它是中国文化精神的源头，也是中国道德、宗法的精神基础，源远流长、影响深远。

孝子祭是周氏宗族与地方民众为纪念孝子周雄举行的祭祀典礼。周雄（1188—1211），字仲伟，南宋临安府新城县（今杭州市富阳区）人，为人至孝，受到宋、元、明、清四朝六位皇帝的十一次敕封，在我国东南地区浙、苏、皖、闽四省颇具影响。而且除了他的孝行之外，对他治病、治蝗、抗暴、救灾、捕虎、除恶等方面的功绩，也有传颂。民间还推崇他为一方"水神",称其为"周显灵王"。因为他尝从钱塘江、富春江、新安江、兰江而至衢江,最后因风暴在衢江落水,按他一贯的品行,他死后也定能保护一方水土平安。自清道光二年(1822)孝子祭实行官方祭祀开始,新城知县吴墉根据民众请求,确立了每年三月初三、九月初十举行春秋二祭。孝子祭风俗绵延数百年,其间官方祭祀偶尔举行。祭祀活动带动大量的人流,历史上形成独具特色的庙会系列活动:祭拜祈福、周王出巡、演戏酬神、商贸集市、走亲访友等。孝子祭是以周雄为主体的人神伸延,传承着传统价值观的文化内涵。

一、要素分解

（一）物质要素

1. 贫困窘迫的生活条件。现有碑文记载，周雄，南宋新城县渌渚人，出生在一户小商人家庭，幼时条件尚可，父亲去世之后，母亲因悲伤而生病，家道逐渐贫困，因而周雄弃学经商，赡养母亲，抚育幼弟，恪尽孝道。母亲生病，口中乏味，想要鲫鱼汤调味，但因条件有限，他只能手提工具到河边破冰捕鱼，之后故事流传开来，还有拜师吊鳖、学做豆腐等故事。周雄之所以能被百姓所信仰，很大一部分原因是他来自民间，许多传说故事是百姓生活的真实体现。

2. 水运便捷的渌渚江。富春江有条支流，早期叫鼍江，后成渌渚江。渌渚江全长7.5公里，江宽50米，早年潮水深3—

4米，60吨级船只可达渌渚埠，是富阳境内唯一一条至今仍在通航的河流。旧时渌渚江是重要的交通大动脉，上通严衢，下达富杭。旧时渌渚埠江面帆船点点，撑船的渔民、撑排的排民、捕鱼的渔民都对周雄十分膜拜信仰，这对周雄信仰传播起到重要的作用。

3. 形式多样的祭祀空间。在富阳境内有多个祭祀大孝子周雄的场所。首先是供奉祭祀周雄神像的庙宇。孝子祭是庙祭，而非墓祭，在历史上新登县域内有九处祭祀周雄的庙宇，这些庙宇至今只剩渌渚周宣灵王殿（又称"太太庙"）和永昌青何村周孝子祠仍在供奉。近年来，渌渚镇在周雄庙附近建成孝子湾文化园。目前留存有纪念周雄事迹的碑文：《翊应将军庙记》《周王庙记》《周宣灵王庙记》《重修宋周孝子祭祠记》《周孝子碑》等。

4. 种类繁多的祭祀道具。祭祀供品一般为三荤三素，配上糕点不等，以2016年祭祀为例，三荤：猪头一个、鲤鱼一条、公鸡一只；三素：白豆腐、油豆腐、豆腐干；时鲜水果：香蕉、苹果、橘子；点心：面、年糕、粽子、米粿；另置三碗饭、三只酒杯、三双筷子、三只茶杯。秋祭祭品除上述外，还有玉米、麦穗、稻穗、粟米、高粱等五谷，以报丰年。在祭祀出巡中还有八龙旗、三角孝旗、十八兵器、锣鼓、流星、钢叉、周宣灵王旗、云帚、尚方宝剑、华盖等辅助道具。

（二）精神要素

1. "百善孝为先"的伦理之道。在中国古代传统文化中，孝道是一项重要的内容。儒家认为："孝悌也者，其为仁之本与。"一部《孝经》把孝称作"天之经也，地之义也"。孝顺父母、团结兄弟，是基本的伦理准则。周雄故里渌渚山清水秀，人杰地灵，民风淳朴，周雄从小深受父母和村风的熏陶，从小能体会到"人勤足食丰衣而裕家光宗"的含义。虽仅24岁，因母病危返乡途中遇风暴落水而死，无论官方和民间都将其孝行事迹奉为典范，崇为神明，逐步发展成为孝子祭风俗，并以此弘扬孝道。

2. "仁者爱人"的仁义之心。千百年来，中国社会把孝道视为纲常伦理。在儒家的伦理中以"仁"为核心内容，"仁者爱人"，"仁"是一种广泛性的理念和普遍性的道德，所以从实践意义上来说，"孝"是一个人的元德，它是仁性产生的根源，是实践"仁"的起点，所以孝是仁之本。孝子祭每年重复举行，对父母、家庭的忠孝扩大为对国家、对社会的忠孝，从而被信奉为至高无上的道德。

3.构建社会主义和谐社会的内在动力。孝文化是我国传统文化的瑰宝，是中国传统伦理道德的支柱之一。传统孝道包括养亲、尊亲、顺亲、礼亲、光亲等基本内容，其中既要有发自自然亲情的爱，又要有符合伦理的"敬"与"仁"，最后落实到实践上就是"顺"。孝由身而家，由家而社会，由社会而治国，其含义在不断延伸推广，以"孝治天下"是孝的最高境界。周雄信仰中将周雄的至孝人格精神化为生动的传说故事，并依靠乡村信仰组织网络，渗透到民众的生活世界。孝子祭每年举行两次，年复一年，在祭祀的过程中，人们向孝向善的心灵得到洗礼，祭祀仪式会形成重要的文化节庆活动，有助于加强社会团结，有助于构建一个稳定和谐的社会环境，是维持乡村秩序的一种有效手段。

（三）制度要素

1.奏乐、击鼓鸣磬等规范的祭祀程序。孝子祭祭祀程序根据时代的变迁有变异，但基本的程式是固定的。祭祀过程大致为：奏乐，击鼓鸣磬，上香点烛，敬献供品，叩拜祭奠，诵读祭文，焚帛，焚祭文，善男信女参拜。整个祭仪包括"迎神—酬神—娱神"。迎神时，开锣奏乐、鸣炮擂鼓，营造欢乐祥和、激越高亢的气氛。酬神时，燃香点烛，请神拜灵，并感谢庇护，焚祭文，烧元宝，以表达对周雄的尊重。舞狮，青狮吉庆；跳竹马，万夫莫敌；跳大头，驱邪避灾。这些都是以乐舞敬神娱神。

2.特有的祭品规定。祭祀是邀请神灵的宴饮，祭品的供奉直接体现祭祀者对周雄神的虔诚和敬意。孝子祭的祭品与其他祭祀有相同之处，三荤三素，并配上糕点、水果等，但是也有其独特之处：猪头上插一根猪尾，有头有尾表示全猪；鸡要用白全鸡，公鸡鸡头、鸡尾、鸡翅留点鸡毛，表示新鲜的鸡；鱼用鲤鱼，必须是鲜活的，祭祀前先用黄酒醉过，用红纸贴住眼睛，祭祀后鲤鱼要放生；祭祀的酒用黄酒。秋祭祭品除三荤三素、糕点、水果外，还需供上玉米、麦穗、稻穗、粟米、高粱等，以表示五谷丰登。祭祀用具为木质方形托盘。

3. 世代相传的族规家训。宗谱是中国传统文化的重要组成部分，每个姓氏宗谱承载着族民在社会发展、生产实践中集聚而形成的族规家训，勉励族民，立身处世。周氏族训：父母为生身之本。无一人不宜孝，无一时之不当孝也，盖劬之恩，交厚异天地。为人子者，当以父母之心，为心竭力事之，百为一顺之。勿以贫贱而懈怠，勿以富贵而致轻勿。周氏后人，世代遵循这一宗旨，感恩父母，友善邻里。

4. 以孝为载体的孝善治理新模式。富阳不断提炼民间信仰内涵，不仅在文化传承上深耕细作、丰富载体，而且积极与新时代发展要求相适应，探索实践出"孝善治理"的新模式，构建孝善指数评价体系，提出通俗易懂的"孝善九则"，从家庭美德、社会公德、社会公益三个维度，设计了"孝父母、享晚年；育子女、教有方；家和睦、互关爱；邻里和、相照应；美家园、洁村容；遵法纪、守规矩；行善举、乐公益；崇贤德、传美名；促共治、助发展"等九个方面的评价体系，并在当地推广。

（四）语言和象征符号

1. 教化育人的传说故事。周雄一生虽然短暂，但充满了传奇色彩，其生平事迹、灵应传说，历朝历代都有记录。从口头流传中，周雄侍母至孝，有替母解除疾病痛苦的瓜瓤治伤、深夜吸痰、吮毒疗伤，有为母康复采集食材的拜师钓鱼、破冰捕鱼、学做豆腐，有尽心侍奉母亲的怀足暖母、扎发侍母、衣不解带，还有治病救人的发奋学医、开棺救人、智除虎患等等，无论是灵异传说还是生平故事都具有教化育人的功能。孝子祭仪式给人以心灵的慰藉和暗示，增强百姓战胜困难、克服困难的信心，是一方群众的精神支柱。

2. 独特的艺术和美学样式。周雄信仰在漫长的历史发展过程中积累独具特色的文化传统，孝子祭的迎神晒会是富阳西部地区民间艺术展示的大舞台，各个民间艺术团队竞相献艺。

许多有特色的民间舞蹈队伍如汪家竹马、渌渚青狮、桃花岭大头和尚、官塘青龙、包秦抬阁等都曾参与到周王庙会的巡游活动中。越剧、京剧、绍剧等不同剧种轮流上演，给观众带去视觉享受。通过民间文艺表演，人们祥和交流，切磋技艺。重建的渌渚周王庙雕梁画栋，彩绘满楼，二十四孝木雕镶嵌在庙宇大门上，室内泥塑周雄神像安坐龙亭，龙亭四周饰有造型各异的腾龙。有关周雄的行孝故事与灵异传说在民间传颂。祭祀过程中仪式、音乐、祭文等也都是精美的艺术作品。周雄信仰中蕴含的丰富的文学艺术样式和民俗民风，具有重要的艺术价值和美学价值。

二、核心基因提取与评价

基于对材料的全面、深入分析，得出本文化元素的核心基因："'百善孝为先'的伦理之道""'仁者爱人'的仁义之心""构建社会主义和谐社会的内在动力""奏乐、击鼓鸣磬等规范的祭祀程序""教化育人的传说故事""以孝为载体的孝善治理新模式""独特的艺术和美学样式"。

孝子祭核心文化基因评价依据

评价项目	评价因子	评价依据（特点）	是否
生命力评价	文化基因存续的时间	自出现起延续至今，未曾明显中断	√
		自出现起延续至今，但多次衰微、中断后复兴	
		曾明显衰败，改革开放后开始复兴或历史溯源关键环节缺失，难以考证	
		文化形态主体已灭失，现存部分痕迹	
	文化基因的稳定性	在发展过程中保持相当稳定的状态	√
		在发展过程中存在明显的精神内涵、表现形式剧变	
凝聚力评价	文化基因的凝聚力及社会动员效果	曾广泛凝聚起区域群体的力量，显著推动过社会经济文化的发展	√
		曾部分凝聚起区域群体力量，对社会经济文化的发展产生过影响	
		凝聚过力量，创造过实际的发展动能，但未见对社会经济文化发展产生显著改变	
		仅在历史文献或口耳相传中存在，未见实际介入社会经济发展	

续表

评价项目	评价因子	评价依据（特点）	是否
影响力评价	辐射的范围	具有全国性、世界性的影响力	
		具有长三角区域、浙江省影响力	√
		具有市县、乡镇影响力	
	提炼的高度	已经被古代文人士大夫和当代学者提炼为精神符号和理念理论	√
		单纯的样式、造型、工艺技术规范	
发展力评价	与当代精神追求和价值观念的契合	传统文化基因得到创造性转化、创新性发展；区域革命文化基因被完整继承、广泛弘扬；区域社会主义先进文化基因成为与浙江"三个地"相适应的文化高地	√
		部分转化、部分弘扬、部分发展	
		难以转化、难以弘扬、难以发展	

说明：基因特点评价是对解码出来的基因，根据本《导则》表2的要求，围绕"四个力"逐一对表打"√"，进行定性表述

（一）生命力评价

孝子祭从形成之日起到现在已有约800年历史，列入新城县官方春秋祀典亦有200多年历史。在这漫长的发展过程中，孝子祭沿袭古礼，彰显民俗，又与佛教、道教、儒教三教融合，兼收并蓄，不断完善，形成了相对固定的祭祀仪式与内容，表现出旺盛的生命力，即使因主流社会对民间信仰相当长时间的排斥，孝子祭一度被人所遗忘，但一旦条件允许，周雄信仰又会在人们心里燃起，孝子祭又重新出现，具有生生不息的传承性。

（二）凝聚力评价

孝子祭其基因作为一种传统文化的社会记忆形式，世代相传，存在历史悠久，拥有广泛的族群认同基础，是联系、沟通当地民众情感的纽带与桥梁。在周雄的信仰圈内，人们以共同

信仰周雄为精神基础，以周王庙为纽带，定期入庙进香，以渌渚庙为中心的方圆数百里范围内，周雄为民间崇拜的主神。通过周雄孝子祭仪式、太太庙会活动，形成一个文化节气活动，有助于加强社会团结、扩大社会联系。民俗节庆活动，民间百姓呼朋唤友，聚餐小酌，沟通感情，人流带来信息流，加强了彼此之间的沟通与联系。同时，周雄信仰弘扬孝道文化，尊老爱幼，有助于提高区域认同、建立和谐社会秩序。

（三）影响力评价

上海复旦大学教授朱海滨《祭祀政策与民间信仰变迁》一书记载，至明清时期，周雄庙分布于浙江、安徽、江西、江苏四省十一府二十六县，有周王庙70座。翻阅文献资料，可以发现旧时对周雄神最普遍的称呼是"周宣灵王""周孝子"。在漫长历史发展过程中，周雄神在江南拥有相当数量的信众，他从一个孝子，演变成地方保护神、徽州药王神、钱塘江水神、苏州玉器行业神等等，可见其影响力巨大。

（四）发展力评价

孝文化是中国文化精神的源头，也是中国道德伦理的精神基础。流传于钱塘江流域的周雄信仰以儒家伦理思想为背景，将周雄仁孝的人格精神转化为生动的传说故事，并依靠周而复始的祭祀仪式与乡村信仰组织网络宣传，深入民众的生活世界，长期以来不断教化、引导民众。同时，政府充分利用独特的民俗旅游资源，每年春祈秋报、一年两次的孝子祭活动，集祭祀、巡游、商贸、民间艺术展演于一体，已经成为当地固定的游乐活动，成为地方的重要景观，日益受到游客欢迎。围绕周雄文化资源的旅游活动正日益成为富阳民俗风情旅游资源的重要组成部分。

三、核心基因保存

"'百善孝为先'的伦理之道""'仁者爱人'的仁义之心""构建社会主义和谐社会的内在动力""奏乐、击鼓鸣磬等规范的祭祀程序""教化育人的传说故事""以孝为载体的孝善治理新模式""独特的艺术和美学样式"作为孝子祭的核心基因,文字资料《渌渚周雄孝子祭》等保存在富阳区文化基因解码资料库,实物材料保存在渌渚周宣灵王殿。

徐玉兰与徐派越剧

富春精粹 富阳文化基因

徐玉兰与徐派越剧

徐玉兰（1921年12月27日—2017年4月19日），浙江省杭州市富阳区新登人，杰出的越剧表演艺术家，国家级非物质文化遗产项目"越剧"代表性传承人。1933年，进入东安舞台科班，先习花旦，后改老生；同年11月，随"东安舞台"到上海南洋桥叙乐茶楼做班底。1939年，与吴月奎等组建兴华越剧社。1941年，演出越剧《盘夫索夫》，正式改唱小生。1943年，在宁波演出剧目《黄金与美人》，揭开宁波越剧革新的序幕。1947年9月，组建玉兰剧团。1948年，开始与王文娟合作。1950年，主演越剧《信陵公子》。1952年，参加中央军委总政治部文工团越剧队，凭借剧目《西厢记》获第一届全国戏曲观摩演出大会演员一等奖。1954年，凭借剧目《春香传》获华东戏曲观摩大会表演一等奖。1957年，主演剧目《北地王》。1958年，主演剧目《红楼梦》。1962年，拍摄彩色越剧戏曲片《红楼梦》。1975年，参演样板戏《磐石湾》。1980年，主演爱情喜剧《西园记》。1985年，任"红楼剧团"团长。1989年，其录制的唱片《红楼梦》获首届"金唱片奖"。1991年4月，退休后受聘为红楼剧团艺术顾问。1993年，其主演的电视片《徐玉兰艺术集锦》播出。2006年，获"百年越剧特殊贡献艺术家"称号。2008年，成为国家第二批非物质文化遗产项目代表性传承人。2013年，获中国戏剧奖·终身成就奖。2017年4月8日，获第27届上海白玉兰戏剧表演艺术奖。2017年4月19日，年近百岁的徐玉兰因病在上海华东医院去世。其表演富有激情，善于塑造人物形象，具有俊逸潇洒、神采夺人的艺术魅力。尤其是扮演风流倜傥的角色，独步越坛。嗓音嘹亮，旋律常在中高音区进行，唱腔除继承越剧传统老调外，广泛吸收京、绍、杭等剧种的声腔成分，具有高昂激越的特色，被称为徐派。

徐派由徐玉兰始创于20世纪40年代，形成时的代表性作品为《是我错》唱段。徐派的特点是华采俊逸，洒脱流畅，奔放高亢，感情炽热，曲调大起大落，跌宕明显。她演出的多是倜傥热情、豪爽多才的人物。代表角色有《北地王》的刘谌、《西厢记》的张生、《春香传》的李梦龙、《红楼梦》的贾宝玉、《追鱼》的张珍、《西园记》的张继华、《关汉卿》中的关汉卿等。

一、要素分解

（一）物质要素

1.越剧流行的时代背景。越剧起源于清末的浙江嵊县，即今天的浙江省绍兴市嵊州市，由当地的民间歌曲（落地唱书）演化而来，它的唱腔委婉动听，极具江南神韵。在20世纪初传入上海，积极汲取昆曲绍剧等剧种的特色，历经数年的发展与改革，越剧形成了自己独特的艺术风格，发展空前繁荣，达到顶峰。创造出了一大批有重大影响的经典作品，如《西厢记》《梁山伯与祝英台》《忠王李秀成》《祥林嫂》等，其中《梁山伯与祝英台》被拍成彩色电影在日内瓦会议期间播放，这是中国历史上第一部彩色电影，这也是越剧第一次真正走出国门，并进一步风靡大江南北走向全国，赢得了"中国歌剧"的美誉。逢年过节，众多民间越剧戏班在江南各地活跃演出，徐玉兰受祖母的影响，在浓厚的越剧氛围中迷上了越剧。

2.《红楼梦》《北地王》《西厢记》等代表作品。徐玉兰的代表角色有《北地王》的刘谌、《西厢记》的张生、《春香传》的李梦龙、《红楼梦》的贾宝玉、《追鱼》的张珍、《西园记》的张继华、《关汉卿》中的关汉卿等。

（二）精神要素

1. 学艺的执着信念和决心。12岁那年，徐玉兰怀着对梨园生活的热烈向往和决心，不顾母亲的竭力反对，毅然进了新登第一个越剧科班"东安舞台"，从此开始了她的越剧艺术生涯。她每天天不亮就起来练功，在高低不平的石板上跌打滚爬，春夏秋冬，从不间断，稍不留意，还要承受师傅毫不留情的"棍棒教育"。这苦不堪言的学艺生活使许多女孩无法忍受，有的半夜卷起铺盖偷偷地跑了，可徐玉兰抱定"再苦再累也不回家"的信念，从未动摇学艺的决心。

2. 艺术作品必须为观众理解、接受和传播的理念。这就要求艺术家不仅要别出心裁地为观众提供新颖和精致的艺术，而且艺术的新颖和精致必须用深入浅出的方式来引人入胜。徐派越剧拥有观众的量之大，以她主演的《红楼梦》为例最为生动。她在塑造贾宝玉形象的过程中，从"黛玉进府"中"天上掉下个林妹妹"，到"读西厢"中"但愿得今晚梦游普救寺"，从"黛玉葬花"中"想当初妹妹从江南初来到"，到"金玉良缘"中"合不拢笑口把喜讯接""只求与妹妹共死生"，特别是在"哭灵出走"中的"金玉良缘将我骗"，以及"问紫鹃"中的"我和你世外去结并蒂花"等，她那系列成套的抒发贾宝玉心路历程的演艺和唱腔，在诱导人们的鉴赏反应和情感交流方面富有深入浅出的特色和引人入胜的魅力，是越剧艺术中出类拔萃的极品！

3. 精益求精、开拓创新的品质。徐玉兰在越剧《红楼梦》中饰演贾宝玉之前，花了大量时间研究原著，琢磨人物。她明白，要将贾宝玉从纸面演到舞台上，自己所要接受的考验不仅来自观众，还来自历史、现在和未来。徐玉兰成功了，这成功不仅来自她潇洒脱俗的形象、多年磨炼的功力和塑造人物的本领，更来自她在舞台背后的刻苦钻研和在舞台上与人物融为一体、恰如其分地把握贾宝玉年龄和心态变化的能力。几十年过去了，

《红楼梦》依然是越剧舞台上常演不衰的经典，而徐玉兰塑造的贾宝玉形象则在其中熠熠生辉。有人向徐玉兰讨教演好戏、演好人物的诀窍。徐玉兰平淡地说，没有别的诀窍，一个演员只要肯花心血，进步时不骄傲，失败时不气馁，就可以取得成功，甚至达到较高的境界。这是因为"一部戏不是刚排出来就能一鸣惊人的，而是要通过演出实践，通过修改提高，通过观众一次又一次的欣赏"，"一个演员刚出道，刚饰演一个人物，也必须经历这个过程。这个过程是无法被忽略或超越的"。

（三）制度要素

师徒相授的传承模式。徐派越剧传承主要靠师徒相授的模式，徐玉兰的学生和传人有徐小兰、金美芳、刘丽华、汪秀月、钱惠丽、郑国凤、徐持平、许志英、翁荔英、钱丽亚、张小君、刘觉、汪涛、李燕、张爱娟、邵雁、周燕等。

（四）语言和象征符号

1. 华采俊逸、洒脱流畅、奔放高亢、感情炽热、韵味深长的徐派唱腔。徐派越剧的唱腔特点表现为大起大落的旋律线条，吸收得自然、融合得巧妙，主题音调的运用，韵味深长的落调，运用多种曲式发展唱腔，以《红楼梦》最具代表性。徐玉兰抒发贾宝玉心路历程的演绎和唱腔，在诱导人们的鉴赏反应和情感交流方面富有深入浅出的特色和引人入胜的魅力。

2. 丰富的徐派艺术形象。徐派越剧的代表角色有《北地王》的刘谌、《西厢记》的张生、《春香传》的李梦龙、《红楼梦》的贾宝玉、《追鱼》的张珍、《西园记》的张继华、《关汉卿》中的关汉卿等。

二、核心基因提取与评价

基于对材料的全面、深入分析,得出本文化元素的核心基因:"艺术作品必须被观众理解、接受和传播的理念""精益求精、开拓创新的品质""华采俊逸、洒脱流畅、奔放高亢、感情炽热、曲调大起大落、跌宕明显的唱腔特点""丰富的徐派艺术形象"。

徐玉兰与徐派越剧核心文化基因评价依据

评价项目	评价因子	评价依据(特点)	是否
生命力评价	文化基因存续的时间	自出现起延续至今,未曾明显中断	√
		自出现起延续至今,但多次衰微、中断后复兴	
		曾明显衰败,改革开放后开始复兴或历史溯源关键环节缺失,难以考证	
		文化形态主体已灭失,现存部分痕迹	
	文化基因的稳定性	在发展过程中保持相当稳定的状态	√
		在发展过程中存在明显的精神内涵、表现形式剧变	
凝聚力评价	文化基因的凝聚力及社会动员效果	曾广泛凝聚起区域群体的力量,显著推动过社会经济文化的发展	
		曾部分凝聚起区域群体力量,对社会经济文化的发展产生过影响	√
		凝聚过力量,创造过实际的发展动能,但未见对社会经济文化发展产生显著改变	
		仅在历史文献或口耳相传中存在,未见实际介入社会经济发展	

续表

评价项目	评价因子	评价依据（特点）	是否
影响力评价	辐射的范围	具有全国性、世界性的影响力	
		具有长三角区域、浙江省影响力	√
		具有市县、乡镇影响力	
	提炼的高度	已经被古代文人士大夫和当代学者提炼为精神符号和理念理论	√
		单纯的样式、造型、工艺技术规范	
发展力评价	与当代精神追求和价值观念的契合	传统文化基因得到创造性转化、创新性发展；区域革命文化基因被完整继承、广泛弘扬；区域社会主义先进文化基因成为与浙江"三个地"相适应的文化高地	
		部分转化、部分弘扬、部分发展	√
		难以转化、难以弘扬、难以发展	

说明：基因特点评价是对解码出来的基因，根据本《导则》表2的要求，围绕"四个力"逐一对表打"√"，进行定性表述

（一）生命力评价

徐派越剧诞生至今已有八九十年的历史，深受江南百姓的喜爱，因为它的艺术创作来自人们的生活，普通百姓能听懂、看懂，能够说出人民的心声，体现人民的意志，老百姓喜欢听、喜欢看，其生命力自然是强大和持久的。

（二）凝聚力评价

徐派越剧在中国传统戏剧领域凝聚了强大的人文力量，促进了中国越剧的发展。徐玉兰演出了300多部剧作，塑造了无数性格鲜明的人物形象，主演的《北地王》《红楼梦》被誉为徐派小生的两大丰碑之作，至今无人逾越，为中国越剧的推广和发展起到了积极的作用，促进了越剧的繁荣。

（三）影响力评价

徐玉兰和徐派越剧对传承越剧文化、启蒙当代越剧创作，有着深刻的影响力。同时，徐派越剧从其产生至今获奖无数。由此可见其影响力之巨大。

（四）发展力评价

越剧是中华民族传统文化的重要载体，蕴含着劳动人民的智慧和结晶。大力弘扬越剧，推动优秀的中华文化历久弥新，与"中华民族的文化自信"提法高度吻合。让青少年多接触国粹，多接触古文化，从而提高青少年心中的"文化自信"和对本民族的认同感。

三、核心基因保存

"艺术作品必须被观众理解、接受和传播的理念""精益求精、开拓创新的品质""华采俊逸、洒脱流畅、奔放高亢、感情炽热、曲调大起大落、跌宕明显的唱腔特点""丰富的徐派艺术形象"作为徐玉兰与徐派越剧的核心基因,文字资料《徐玉兰与徐派越剧》《中国越剧发展史》等保存于富阳区文化基因解码资料库。

东梓关古村

富春精粹 富阳文化基因

东梓关古村

东梓关古村，坐落于富春江南岸，为天然关口，站立于村落水口，东望富春江水。东梓关，曾名青草关、东梓、东梓塞、东梓关，村以浦名。浦曾名青草浦，源出于桐庐县青源村，北行西折自赵欧村入富春江。其"东梓"两字，历来众说纷纭。传说吴越行军，到东梓关暂驻，见此处江面狭窄，对面有桐洲沙，往东两公里是洋涨沙，形成了一处天然关隘，是为兵家重地，渐渐就形成了一处关口，往来行旅都要通关。因这里是过富春下钱塘必经之地，行人到此无不东望指关，故而得名"东指关"。也有传说指江边种有大批梓树，年深日久后讹为东梓关。

于传说之外比较正统的记载，来自宋潜说友《咸淳临安志》，"东梓浦，在县西南五十一里，东入浙江，旧名青草浦。宋将军孙瑶葬于此，坟上梓木枝皆东靡，故以名"。这个说法在东梓关《许氏家谱》里也出现数次。又有清光绪三十二年《富阳县志》载，明洪武十九年（1386），朝廷在东梓浦设立巡检司并派有军队驻守，为东梓塞，因而改名东梓关。

在《咸淳临安志》上有一张《富阳县境图》，上有"东梓衙路"标记，路临江临溪，是整张地图上唯一标注的一条路。明正德十六年（1521）续修《富春志》记载：古时在屠山（旧名青草）设巡检司，孙权第六子孙休的第六世后人孙瑶，南北朝时为刘宋大将军镇守青草关。孙瑶去世后埋葬于屠山之上，其坟前长有一棵梓树，枝条向东伸长且枝叶繁茂，为缅怀刘宋大将军，村民将青草关更名为东梓关，流入富春江的青草浦改名东梓浦，孙氏建居宅于此。至宋，孙权十九世孙孙勖认为东梓关已不适合孙家繁衍，其子孙忠遍访浙江各地，最后选择龙门这一风水宝地并举家从东梓关搬至龙门，这便是龙门孙氏的肇始。后许、朱等姓氏陆续迁居，开始设巡检司。1906年《富阳县志》记载：在县西南五十里，山有梓木，枝皆东向，因名东梓塞。清朝中期，东梓关村隶属临江乡屠山十二庄。清末隶属西南区景山乡。民国初，东梓关隶属西南区屠山十二庄。1940年，新登县政府机关撤驻东梓关村，设行署，不久迁新登。1950年夏，民主建政时村境设东梓乡政府。

1956年3月，东梓乡和图山乡合并建立东图乡，隶属场口区。2004年2月，东图乡建制撤销，并入场口镇，村属场口镇。2007年，东梓村和屠家村合并为一个行政村，村名东梓关，属场口镇。2013—2014年，东梓关村被列入杭州市重点历史文化村落，浙江历史文化名村建设项目。2015年，东梓关村被列入浙江省历史文化古村落、浙江省"千年古村"名录；同年，杭州市全力打造东梓关新区"新杭派民居"，并将其未来发展定位为富阳区"文创小镇培育试点"；东梓关村为富阳区四条精品示范线之一"孙权故里，激情场口"的重要节点。2016年，东梓关村被列入第四批中国传统村落名录。

一、要素分解

（一）物质要素

1. 气候宜人，水系发达。东梓关属亚热带季风性湿润气候，年平均气温 16.2℃。水系发达，水网密集，富春江一衣带水，宋家溪自南向北经过村庄西侧，紧邻瓜江、图山溪、壶源溪等水系，村境内也有众多池塘，20 世纪 80 年代也曾养珍珠蚌。因地处沿江地带，东梓关区域以冲击平原和浅丘地貌为主，地势西南高东北低，地形起伏较小，土壤多为黏土和沙石。丘陵地带，原生自然植被保存良好，分布有常绿阔叶林、常绿落叶混交林、毛竹林、竹木混交林等。

2. 水上关隘，交通枢纽。东梓关位于富阳区场口镇西部，西南侧为桐庐县江南镇，富阳区常安镇、龙门镇，东临王洲岛，北面与桐洲岛隔江相望。杭黄高铁、杭新景高速以及 320 国道，给东梓关带来了便利的交通和新的发展机遇。东梓关地理位置优越，水陆交通便捷，自古以来都是钱塘江水道（杭徽古道）的重要水上关隘、交通枢纽。早年间，富阳的东图、新桐、常安、湖源，桐庐的深澳、凤鸣，乃至浦江、诸暨等地的人们行商往来，都会来到东梓关，通过水路将土纸、烟叶、柏子等土特产运销杭州、上海等地。商人们再通过船只将油、盐、酱、醋、布匹、药材、木料等生产生活用品，运送到东梓关泥沙滩埠头卸货，再由行脚班送进内陆。数百年经营，东梓关就成了商贾云集、客流如梭的商埠集镇，也是富春江上一个重要货物集散地，素有富春江"东流第一关"之称。

3. 数量众多的古建筑。东梓关现存清朝末年至民国初期的建筑很多，大部分为东梓关名门望族"许十房"所有，如许家大院、安雅堂、许家四房、五房、六八房、春和堂等，另有越石庙、邮电所、朱家三堂楼和王家大院、许氏宗祠遗迹等；其中区级文物保护单位3处——越石庙、安雅堂、许家大院，尚未核定公布为文物保护单位的登记不可移动文物2处——东梓关村353号民居、东梓关村151号民居。东梓关的这些建筑，高墙黛瓦，屋顶设"马头"和"风火墙"用来防风防火，内有天井，设有大水缸或鱼池。砖木结构的板壁窗棂雕刻精美，"牛腿"上都有镂空雕饰，花鸟、走兽、人物栩栩如生。房屋用柱子大都用槐树、梓树等硬木，窗棂和牛腿均采用樟木，一则樟木清香，二则可以防止虫蛀。

①许家大院：许家大院是东梓关名门望族"许十房"中三房许秉石的家，始建于1880年前后，距今已有140年左右了。建筑临水，前屋设过道檐廊，院子两侧为厢房，门房前檐墙正中石库墙门，面阔七间，由前屋、过道檐廊、院子、厢房、门房、天井、正房组成，占地面积678平方米。老三许秉石，开创"许春和"元号药房（即春和大药房）和"复大昌"糕饼厂南货店，这两个老字号曾在江浙一带赫赫有名。药房有数家分店，以医术高超、价格公道广为人知。而"复大昌"名声更响亮，据许明才回忆，当时上海、杭州一些大户人家，都会特地赶到东梓关购买该店的糕点。许家大院南大门前原来是一块宽阔的空地，只因许秉石共生了七个儿子，大概是因住房不够，最小的儿子许正功在这块空地上造了低矮的东西厢房，且中间用了大天井，目的是不影响老屋的阳光。大院北面的一片老屋，应该是和大院同时建造的，那里是酿酒的工房和住宅，所以建筑略为简陋。

②安雅堂：安雅堂建于清道光年间，但从建筑风格来看，文物考证人员分析是建于民国初。整座建筑墙高院深，外观气派，由正房、厢房、院落、天井组成，建筑面积约597平方米。正房面阔五间，马头墙，院落东西各建厢房，一层飞檐如翘，古雅玲珑。安雅堂也是"许十房"的产业，原是许家九房及十房共同居住的地方。许家九房许秉禄虽为晚清贡生，但善于接受新鲜事物，他自制车床并建造了一艘轮船，行驶在富春江中成为当时美谈。他热衷于科学，四十岁时在徐州勘探矿场时，死于瘴气中毒引发的气喘病。他去世时并未留下子嗣，由许家十房许秉中的二儿子许正哀（凯元）承嗣，于是安雅堂就成了许家十房的产业，房子俗称"十房头"，门口的空地也因此被称为"十房道地"。

③许家五房：许家五房的第一任主人是许秉分，在许十房中排行第五。据家谱记载："公行五，故人皆以五先生称之，性豪侠少，不喜读书，而多膂力，尝置石鼓二，重各百斤，贯以木，朝夕举之，久更易以较重者。粤贼之乱，公年方十八，见贼马成群于野，择其良乘之舆，贼遇叱令下，置不顾，贼急甚，招集同类追且及矣。公乃一跃下马，仆其先至者于地，贼酋也，余贼蜂拥而前，刀矛交下，贼酋急摇以手止勿杀，曰，此健儿也，汝曹勿如，乃扶与俱去⋯⋯"被掳走入伍的许秉分跟随太平天国部队到了诸暨包村。在包村这场浙江境内太平天国与清朝部队打得最惨烈的战役中，许秉分趁隙逃回家。待战事平息后，许秉分在村内十室九空，满目疮痍时，又募集资金去诸暨、湖源等地买回耕牛、粮食，回乡帮助村民恢复生产。而今的许家五房堂楼，走进一条青石板小巷，看见一座上书"鸿轩凤举"的石

刻台门，走过去迈三级台阶，跨过石门槛，穿过一块地就是许家五房的堂楼了。房子是两层的砖木结构，简朴低调，天井中有一处石雕井栏，上面摆满了兰花。石鼓这类已不可见，雕花的牛腿、窗饰也多有损坏，不复旧貌。天井中的一座石雕井是许家五房堂楼最抢眼的地方，石雕也是徽派建筑的特色之一，这座井栏上雕刻的既有鲤鱼跃龙门的传说，也有凤凰、麒麟等瑞兽，还有马、羊这些常见的动物，一百多年后，岁月似乎仅仅给石雕留下了些许青苔。许秉分的儿子许正绅，据家谱载，"幼读诗书，善为文章，弱冠以县试第一人考入郡庠……视当世荣利若无睹……会里中设小学，先生受任以教员兼校长，历二十年，赖以成才者甚夥，先生一以宽柔为教，熏陶涵育……自视不为师长而为保姆也"。许家五房人才辈出，五房第三代中：许国华，北京农机化学院教授，曾受美国前总统克林顿接见，著作《中国农业》（牛津出版社出版）；许国荣，中国艺术研究院研究员；许国强，浙江联合律师事务所高级律师；许履刚，中国国际贸易促进会研究员，是中国海事仲裁委员，享受国务院特殊津贴，著作《共同海损》。

④许家六、八房：许家六房、八房已经完成修缮，目前布展为绿城乡村实践基地。东梓关许十房十兄弟中，最有名的当属排行三、六、九三兄弟。老六许秉玉曾任民国时期富阳县教育会会长，为人刚直不阿，曾为民请命惩治贪官，一路告状至京城，还十分重视教育，在距今一百多年的光绪三十二年（1906），出资兴办了富阳最早的小学之一——东梓关小学。

⑤春和堂（许三房产业）：许春和药房初为"许春和元号"，店址在长塘西端。店屋坐北朝南，白墙黑瓦雕梁画栋，马头墙气势恢宏。前厅后院，前店后坊。屋前铺青石台阶，踏上台阶即可见"进内交易"金色匾额。店堂内两边摆抓药柜台，柜台内靠墙是百阁柜。盛药的青花陶瓷罐、锡罐，掏药的小石臼，碾药的铁船等等工具一应俱全。药店后院是养鹿场和制药坊，制药坊不仅加工黄芪、地黄、牛膝、陈皮、眼药等药品，还制作全鹿丸、十全大补丸等补药，以及治疗小儿疖毒的黑膏药、红膏药。为扩大药店经营规模，"许春和元号"在药店旁增开了"许春和亨号"，后为方便

周边村庄的病人就医,又在桐庐县城、窄溪镇、横山埠和富阳汤家埠等地开设了分号。窄溪分号由许正权经营,横山埠分号由许百忍经营,汤家埠分号由许百福经营。

⑥继善亭:在东梓关村南500米处有一小山岗,名孙家山。这里有两条大路岔开,西面一条直通桐庐江南深澳古村,东面一条可达上图山。就在这个交叉路口建有一凉亭,这是东梓关"许十房"子孙辈特意为先祖许廷询建造的"七十寿亭"。许廷询生于清嘉庆十年(1805),卒于同治十三年(1874)。他娶三妻生十子,后称为"许十房"。这十房又生了三十一子。从嘉庆到光绪数十年间,许家成为方圆百里的名门望族。不仅家道殷实,而且人才辈出,有孝廉方正一、举人一、拔贡二、秀才十八。《富阳县志》称许十房"家门之盛,为邑中首屈一指"。许氏家族虽然富有,但平时非常节俭。同治十二年(1873),许廷询69岁,按风俗要做"九"祝寿,可许廷询恳切告诫儿孙:孙家山上建凉亭是我平生夙愿,你们不要拘于做寿这类小事。就在当年他病危弥留之际,还念念不忘建亭一事。同治十三年(1874)春,亭子建成,取名"继善亭",意在继承许廷询遗志。这年,因许廷询刚满七十,儿孙们在继善亭石梁上特意刻上"遗命建亭"四个大字,并刻有"先考许公讳廷询七十寿亭"等字样。后边还刻有116字的亭记。亭记结尾处的文字是"谨述数言,以示后嗣。继承修葺,毋忘先人善志。云尔"。

⑦越石庙:越石庙位于东梓关庙凸头,坐南朝北,紧邻富春江及姐妹山,是东梓关人重要的宗教信仰、文化活动场所。现存建筑在清嘉庆十八年(1813),以东梓许之芳为代表的族人和邻近乡民,主动集资,改开口土地庙为今天的规制。道光六年(1826),在乡绅许廷询等人的筹划下庙宇南得以拼建扩大,在原有基础上又增添了许多菩萨塑像。道光十七年(1837),

因主庙西面封墙，庙内增设戏台和看台等，在东梓许廷谨、许秉瓒和王兆汶等的资助下，庙宇得以较大规模地修缮和整改。现在的越石庙，庙内雕梁画栋，工艺精湛，庙靠江外墙上现留存石碑二通，因年深日久，风化严重，庙外围栏留存清嘉庆年间石刻围栏一段。越石庙为富阳区级文保单位，里面设有土地神神像，并陈列为佛学文化馆。目前发现的有关越石庙的最早记载来自明万历年间的《许氏家谱》，在家谱"孝子故庐"这一页上，有越石庙地名标记。也有传说此庙为纪念越国"石将军"（镇守东梓边关牺牲）而建。

⑧许氏宗祠：许氏宗祠坐北朝南，大门两旁有旗杆，正门两边是两个月洞门；中间上方为"许氏宗祠"匾额。走进月洞门便是高大戏台。戏台前左右两侧为专供看戏用的开口厢房。全祠前后三井，气势恢宏，建筑雄伟，工程浩大。单台前两只抢绣球的狮子，雕刻就需120工雕花匠；祠内用料考究，单高大方石柱就有80根，据说那上面雕刻的隽秀苍劲的文字还是九阿太许秉禄和六阿太的儿子许正衡所书。遗憾的是，45年前，许氏宗祠毁于"文革"，至今断壁残垣还在，"许氏宗祠"匾额还在，但这都已成了历史的见证。

⑨经堂山：经堂山位于东梓关村西侧小丘陵区域，因建有道观及尼庵得名，今建筑已不存，存有石碑一方，上书"静心庵"三字。

4.姐妹山。姐妹山原名"紫微山"，位于越石庙西、官船埠正前方约50米处的江中。《咸淳临安志》孙瑶墓条目载葬于紫微山。

5.官船埠。官船埠旧时为进出东梓关重要交通枢纽。现码头埠已局部残损，仅剩青石台阶55级，南北走向，

台阶宽 0.55 米，阶道长 37 米，呈斜坡形上岸。当年郁达夫曾在此码头登岸，著有《东梓关》一文。20 世纪 60 年代到 80 年代，各地伤科患者乘客轮赶至东梓关，请骨科名医张绍富先生治伤。

6. 长塘。"万籁无声夜气凉，长塘景色拟河阳。更阑徐待冰轮上，逐队随游乐未央。"这首见于东梓关许氏族谱的《长塘夜月》诗歌，描绘了东梓关人月夜里坐在长塘边赏月的景象。东梓关长塘是村内最大的池塘，在东梓关人的生活里还起着防火的作用。

7. 新杭派民居群。东梓关老村内人口密度高，老旧民居建筑年久失修，使得古民居生活环境恶劣。东梓关为促进乡村文化建设和改善农户的整体生活条件，建立了新杭派民居搬迁安置区，重建人们对亲情、乡情与场所的联系。为拆迁和搬迁安置的农户，改善农户的整体生活条件，在东梓关村的东南角处规划建设了 46 幢新杭派民居。包括 4 种户型，13 个组团，一个村民活动中心、一个乡村书院，共 46 户，占地面积 19277.6 平方米。新杭派名居东侧为溪道，与富春江相通，南侧为农田景观，以种植水稻为主，西侧为池塘，北侧为农居。该区块由政府代建，以农户集资、政策补贴模式进行回迁安置，是具有领头意义的新杭派民居示范点。

8. 丰富的江鲜资源。东梓关背靠富春江，江鲜资源极其丰富。白鲈、白鱼、三角鲂、船钉头、刀鱼、河虾、河鳗，还有一些不知道具体名称的洄游鱼。2018年，东梓关首届江鲜大会评选出"富春江十二鲜"。经过两届江鲜大会，在各种宣传活动和沿江民宿、餐饮的推动下，已经建立起良好的品牌口碑。

9. 郁达夫与《东梓关》。郁达夫，浙江富阳人，现代作家，20世纪20年代创立新文学团体创造社。20世纪30年代，郁达夫独自来到富春江边恬静小村落——东梓关村。淳朴的民风、悠然的生活、古韵的建筑、浓厚的文化、自然的风光促使郁达夫在此留下了珍贵的文学作品《东梓关》，这篇不满六千字的小说，成为东梓关今日异常珍贵的精神财富。

10. 张绍富、许秉石。东梓关村内有浓厚的中医文化氛围，主要代表人物为张绍富、许秉石（许三房）。闻名浙北大地的富阳东梓关张氏骨伤科具有180多年历史，中医骨科名医张绍富曾坐诊的安雅堂将作为展示中医文化的主要载体。2010年，"张氏骨伤疗法"（正骨疗法扩展项目）被正式列入第三批国家级非物质文化遗产名录，其中最有名的要算"正骨术"。"张氏骨伤疗法"始创于清代道光年间，传至第四代传人张绍富时形成独特的骨伤治疗理论并将其发扬光大，第五代传人张玉柱继承和发扬其父张绍富的治伤接骨技术，走出一条"大专利、小综合"的路子，解决了骨伤类诸多疑难杂症，并逐步将医疗设备、医疗地点扩展至富阳区各大医院成立骨伤专科，最终形成自己品牌的专科骨伤医院。

许秉石创立的"许春和元号"即春和堂药店，位于东梓长塘西端，是清末民初建筑之一。药房建筑面积和经营规模都在当时首屈一指。临街大楼为"春和堂药房"交易处，北面大楼为中成药制药房，旁设养鹿场等。春和堂内中成药以手工制作为主，如"全鹿丸""十全大补丸"等，药效奇特，远近闻名。此后，在其西侧首增开"许春和亨号"，还在窄溪、桐庐、汤家埠等地开辟"春和堂"分号，生意兴隆，享有"真不二价"美誉。

（二）精神要素

1. 耕读传家的理念。东梓关自有记载以来，村落形成已超过 1500 年。从孙瑶后人孙忠迁居龙门，到许氏始迁祖许彧定居东梓关，姓氏的迁徙，乡村的变迁，依江而居的东梓关在富春江的浸润下逐渐形成了东梓关特有的原乡文化，体现了东梓关人耕读传家的理念。

2. 百善孝为先的理念。在东梓关的历史上，有两个著名的孝子：一个是生活在后周到北宋初年的孝子许彧，一个是清康熙年间的百岁孝子许佳贤（许心寰）。在东梓关的历史上，性格豪爽大气的东梓关人行侠仗义，也涌现了不少人物。宋时，东梓关许宦被当时政府和当地百姓推举为义兵千户，维护一方平安。到清末民初，以"许十房"为代表的东梓关人更有故事勉励后人，也被人传颂。

（三）制度要素

1. 遵循古代风水理论与环境营造理论。东梓关村落独特的选址及山水田园、水网纵横的环境景观，体现了中国传统村落选址的风水思想和从生产、生活、生态出发的环境营造思想。所倚山脉悠远连绵，所傍富春江水源远流长，南侧远处群山起伏蜿蜒，两山之间夹杂的内部空间为平原，村落坐北朝南，村前为大片农田与湿地，适于耕作、平整土地且村落边界利于防守。村基形局完整，山环水抱，南北隐蔽，东西通透，为上乘的"藏风纳气"之地，此地理格局不仅可以抵御恶劣气候，形成适合农作物生长的条件，同时相对封闭的区域也可增加村民的领域感和安全感。东梓关优美的自然环境成就了黄公望、郁达夫笔下恬静安然、悠闲自足的江边小村，东梓关的山水格局要素主要包括山、江、岛、村、农田、湿地。山主要是姊妹山及周边山体，江为富春江，岛为桐洲岛，村为东梓关村落，农田为村落南侧大片农田景观，湿地是东梓关东南方向东吴水寨。

2. 独特的建筑院落组团聚落模式。组团院落空间构成，即三维乃至包括视觉动态反映在内的四维空间形式塑造，则成为体现人居环境特色、创造优美空间形象、提高居住质量的一个重要方面。组团院落空间是泛指居住空间以外的空间形态和物质条件，其中由居住空间围合形成的公共空间、道路组成的院落等，都是属于组团空间中的"半公共空间"。东梓关新杭派民居中则是采用组团院落半公共空间的构成关系模式，延续了传统古建筑民居中的群体组合式，将农户的搬迁安置房落地。设计在不超标总建筑面积的前提下，从农户单元入手，确定了小开间大进深和小进深大空间两种形态的基本单元，从建筑类型学的角度进行再认识和重构，通过前后错动、东西镜像演变成四种基本形体单元，进而，通过基地轮廓和居民传统交往模式的同步考虑，由四个形体单元围合形成一个半私有院落空间。组团与单元有序生长衍生，形成多层次的新杭派民居规模组团。有序的聚落形态，既保留了中国农居过去群体的规模形态，也延续了过去农居丰富性、多样性、整体性和场所感的情感还原。实现了多样性聚落形态的同时，提升了农户整体生活水平，为历史文化村落中传统民居的建设更新发展起到了率先垂范的作用，与农居现状中行列式机械布局形成了鲜明的对比，为新民居中组团聚落空间形态布局体系的推广提供了新思路，并具有指导性意义。

（四）语言和象征符号

1. 杭派新民居。"杭派新民居"是指对"杭派传统民居"进行传承与创新的新建民居。从建设时间上看属于当代，从建设模式上看，属于在政府主导下建筑师与村民共同参与的建造模式，这与传统的自发性建造方式有很大不同，属于新民居范畴。

2. 独特的院落式格局。东梓关新杭派民居保留了传统建筑群体组合中内向布局的形式。利用前院、内院、

后院的院落进深，延续传统民居建筑中的院落形态精髓。围墙与建筑的围合营造出层次丰富的院落空间，微妙地界定出不同空间关系层次。前院开敞，内院静谧，后院私密。公私关系进行串接，构建出一个从公共到半公共再到私密的空间序列。宅中有院的内向感建筑布局形式得以保留延续。虚实结合，公私界定，既满足了农户的日常生活需要，起到调节气候、遮阳采光等功能，又在建筑空间形态上形成内向感，实现传统与现代的穿越与交流。

3.传统水墨画融入建筑的表现手法。杭派民居建筑造型的设计灵感来源于吴冠中先生国画中江南水乡民居建筑的连绵曲线屋顶，结合国画与传统建筑，剖析、解构并重组，最终形成连续且不对称的曲面屋顶，搭配稻田景观，迎合连绵的山群线，营造江南水乡意境，让人仿若置身画中。在杭派民居，粉墙黛瓦，道是寻常巷陌，却让人真实感受到一个乡村低调的复兴之路。"白屋连绵成片，黛瓦参差错落"的水韵江南式新杭派民居在这里展现得淋漓尽致。

二、核心基因提取与评价

基于对材料的全面、深入分析，得出本文化元素的核心基因："耕读传家的理念""百善孝为先的理念""遵循古代风水理论与环境营造理论""独特的建筑院落组团聚落模式""杭派新民居""传统水墨画融入建筑的表现手法"。

东梓关古村核心文化基因评价依据

评价项目	评价因子	评价依据（特点）	是否
生命力评价	文化基因存续的时间	自出现起延续至今，未曾明显中断	√
		自出现起延续至今，但多次衰微、中断后复兴	
		曾明显衰败，改革开放后开始复兴或历史溯源关键环节缺失，难以考证	
		文化形态主体已灭失，现存部分痕迹	
	文化基因的稳定性	在发展过程中保持相当稳定的状态	√
		在发展过程中存在明显的精神内涵、表现形式剧变	
凝聚力评价	文化基因的凝聚力及社会动员效果	曾广泛凝聚起区域群体的力量，显著推动过社会经济文化的发展	
		曾部分凝聚起区域群体力量，对社会经济文化的发展产生过影响	√
		凝聚过力量，创造过实际的发展动能，但未见对社会经济文化发展产生显著改变	
		仅在历史文献或口耳相传中存在，未见实际介入社会经济发展	

续表

评价项目	评价因子	评价依据（特点）	是否
影响力评价	辐射的范围	具有全国性、世界性的影响力	
		具有长三角区域、浙江省影响力	√
		具有市县、乡镇影响力	
	提炼的高度	已经被古代文人士大夫和当代学者提炼为精神符号和理念理论	
		单纯的样式、造型、工艺技术规范	√
发展力评价	与当代精神追求和价值观念的契合	传统文化基因得到创造性转化、创新性发展；区域革命文化基因被完整继承、广泛弘扬；区域社会主义先进文化基因成为与浙江"三个地"相适应的文化高地	
		部分转化、部分弘扬、部分发展	√
		难以转化、难以弘扬、难以发展	

说明：基因特点评价是对解码出来的基因，根据本《导则》表2的要求，围绕"四个力"逐一对表打"√"，进行定性表述

（一）生命力评价

东梓关古村落至今已有千余年的历史，它在传统民居建筑的创新改造、传统民族文化的挖掘、古村的保护开发领域都展现出了强大的生命力。

（二）凝聚力评价

孙氏家族和许氏家族迁居于此后，在东梓关古村繁衍生息，逐渐壮大。在代代传承中，许氏家风以耕读传家、百善孝为先的理念，形成了族人与区域百姓的凝聚力与向心力，这样的凝聚力一直绵延至今，同时推动了古村建设和商业开发的良性发展。

（三）影响力评价

许氏家族耕读传家、百善孝为先的家族精神内核，影响

着这里世世代代的后人们。东梓关古村独特的建筑院落组团聚落模式，传统水墨画融入建筑的表现手法对当代民居的样式产生了深远的影响，它所代表的杭派新民居为当代民居的发展打开了新的思路和局面，在全国引发了一波杭派新民居的潮流。以其理念设计的东梓关杭派新民居建筑群，在2017年一举夺得有建筑界"奥斯卡"之称的2017 Architizer A+ Awards 的最佳评审大奖。2019年，荣获亚洲建筑师协会建筑奖金奖。这使得东梓关迅速火遍全球，成了全国闻名的"网红村""打卡地"，成为新农村建设的典范，在国际上都具有一定知名度。

（四）发展力评价

在当下新农村建设和改造的背景之下，乡村民居建筑形式和表现手法具有创造性转化、创新性发展的前景，对新农村建设意义重大，其基因的发展力巨大。

三、核心基因保存

"耕读传家的理念""百善孝为先的理念""遵循古代风水理论与环境营造理论""独特的建筑院落组团聚落模式""杭派新民居""传统水墨画融入建筑的表现手法"作为东梓关古村的核心基因,文字资料《东梓关》等保存于富阳区文化基因解码资料库,另外,出版物和古文古籍有《富阳县志》。实物资料保存在东梓关村。

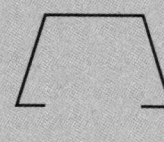

抗日战争胜利浙江受降纪念馆

富春精粹 富阳文化基因

抗日战争胜利浙江受降纪念馆

1945年8月15日，日本宣布无条件投降。富阳县长新乡宋殿村（今杭州市富阳区银湖街道受降村）被指定作为侵驻浙江地区日军投降前洽降的唯一地点。

同年9月4日，中方受降代表、第三战区副司令长官兼前进指挥所主任韩德勤中将等在这里接受了日方代表、侵浙日军133师团参谋长樋泽一治大佐等的投降接洽。日方在仪式上呈缴了证明书、驻地表、官兵花名册和武器清册等。因是重大历史事件发生地，宋殿村（受降村）已永远载入了浙江抗日战争史册。1995年9月，富阳市人民政府拨款修复旧址"受降厅"，并对外公展。2015年以受降厅为基础扩建，建成总面积2600平方米的抗日战争胜利浙江受降纪念馆。

一、要素分解

（一）物质要素

1.意义重大的军事地理位置。抗日战争胜利浙江受降纪念馆地处杭州市富阳区银湖街道受降村，抗战时期，杭富公路穿村而过，所以日军在侵占富阳县城后不久即占据该村，先后作为日军的中队部和江北指挥所的驻地。日军在该村四周筑有6座碉堡，构成一个环形防御体系，各碉堡间有交通壕相连，还修筑了火炮阵地，配置了6门大炮。村外还修筑了竹城，布防严密，易守难攻，是侵杭日军的一个重要外围据点。受降厅原是浙江省富阳县长新乡宋殿村地主宋作梅宅院中的一个厅堂，富阳县城沦陷后，成为日军江北指挥所。1945年8月15日，日本宣布无条件投降。当时的宋作梅宅院被指定为中国战区第六受降区接洽日军投降地点。

2.抗日战争胜利浙江受降纪念馆。该馆位于杭州市富阳区银湖街道，总面积2600平方米。除了展览，纪念馆还设有停车场、活动教室、影视厅、集会广场等设施和场地，具备集会、参观、体验等多种功能。馆内展出各类照片500余张、实物200余件、图书200余册、影像资料10余份，详细生动地介绍了浙江抗战总体过程以及侵浙日军在富阳宋殿投降历史。

（二）精神要素

1. 天下兴亡、匹夫有责的爱国情怀。以抗日救国为主题、以国共合作为基础、以爱国主义为纽带的抗日民族统一战线，是战胜日本军国主义的决定性因素，其中所展示的天下兴亡、匹夫有责的爱国情怀，是抗战留给我们最宝贵的精神财富，是抗战精神的核心要素。

2. 视死如归、宁死不屈的民族气节。中华民族反抗日本帝国主义侵略者的伟大斗争，既是对生与死的考验，也是对民族气节的大考验。中华民族的优秀儿女用视死如归、宁死不屈的实际行动，在这场民族气节的大考面前交上了一份合格的答卷，涌现了一大批杰出代表。

3. 不畏强暴、血战到底的英雄气概。从近代反抗外来侵略的实践中，中国人民深刻认识到：软弱退让只能换来更大的屈辱，委屈求和无法赢得真正的尊严，唯有奋起反抗、英勇斗争才能获得解放和自由。中国军民这种不畏强暴、血战到底的英雄气概，是战胜日本帝国主义的强大精神力量，已经成为抗战精神的特有品格，铭刻在世界反法西斯战争的史册上。

4. 百折不挠、坚忍不拔的必胜信念。整个抗日战争期间，无论条件多么艰苦、战争多么残酷，中国抗日军民始终都没有丧失必胜的信念，英勇顽强，不怕牺牲，以血肉之躯筑起捍卫祖国的钢铁长城。在世界反法西斯战场上，中国坚持时间长达 14 年，如果没有百折不挠、坚忍不拔的必胜信念作支撑，抗击日本侵略军的斗争就很难取得最后的胜利。

（三）制度要素

1. 铭记历史，弘扬伟大抗战精神。抗日战争胜利浙江受降纪念馆是在浙江省省级文物保护单位受降厅基础上

· 153 ·

改扩建的一个抗战胜利主题纪念场馆，为全国爱国主义教育示范基地、国防教育基地、浙江省直机关党员干部教育基地、浙江省社会科学普及基地、富阳区青少年第二课堂。其目的在于揭露侵华日军在浙江犯下的严重罪行，记载浙江军民浴血抗战的悲壮历史，讴歌浙江抗战的英勇事迹，弘扬伟大的抗战精神。让我们铭记历史，警示后人，珍爱和平，开创未来。

2.践行社会主义核心价值观，落实立德树人根本任务。抗日战争胜利浙江受降纪念馆作为社科普及基地，开办了"小小讲解员培训班"。希望同学们通过学习与实践，更深层次地理解、传达受降纪念馆陈列内容的知识与信息，真切感受战争的残酷和中国人民的英勇无畏，深刻领悟先辈们不怕困难、艰苦奋斗和乐观向上的精神，培养热爱祖国、热爱家乡的情怀；通过了解纪念馆讲解员工作的行业风貌和职业特点，激发初中生积极的职业体验和展示自我的动力，在实践中增长知识，增长才干，促进良好个性品质的发展，不断提升核心素养。

3.学习贯彻习近平新时代中国特色社会主义思想，不忘初心、牢记使命。作为红色研学线路教育点，全省各地机关单位的党支部以及许多学生组成的参观团体、外地来的旅行团纷纷到受降纪念馆开展红色研学活动，深刻铭记历史，正确看待历史，传承红色基因。在习近平总书记"要把红色资源利用好、把红色传统发扬好、把红色基因传承好"思想指导下，为发展纪念馆红色文化资源优势，推动馆内红色文化蓬勃发展作出努力。通过整体打造，挖掘红色文化底蕴，将红色文化与研学的方式相结合，为红色文化注入新的活力。

（四）语言和象征符号

伟大的抗战精神。抗战精神是一种伟大的民族精神，是中华民族源远流长的爱国主义在抗日战争中的锤炼和升华。这种精神，来自中华儿女内心深处对祖国的无比热爱。在面对日本帝国主义妄图灭亡中国的侵略战争中，千千万万中华儿女义无反顾地走上了抗日救亡的战场。他们表现出了坚定的意志，用热血和生命浇铸了千古不朽、熠熠生辉的抗战精神。

二、核心基因提取与评价

基于对材料的全面、深入分析,得出本文化元素的核心基因:"天下兴亡、匹夫有责的爱国情怀""视死如归、宁死不屈的民族气节""不畏强暴、血战到底的英雄气概""百折不挠、坚忍不拔的必胜信念"的伟大抗战精神。

抗日战争胜利浙江受降纪念馆文化基因评价依据

评价项目	评价因子	评价依据(特点)	是否
生命力评价	文化基因存续的时间	自出现起延续至今,未曾明显中断	√
		自出现起延续至今,但多次衰微、中断后复兴	
		曾明显衰败,改革开放后开始复兴或历史溯源关键环节缺失,难以考证	
		文化形态主体已灭失,现存部分痕迹	
	文化基因的稳定性	在发展过程中保持相当稳定的状态	√
		在发展过程中存在明显的精神内涵、表现形式剧变	
凝聚力评价	文化基因的凝聚力及社会动员效果	曾广泛凝聚起区域群体的力量,显著推动过社会经济文化的发展	
		曾部分凝聚起区域群体力量,对社会经济文化的发展产生过影响	
		凝聚过力量,创造过实际的发展动能,但未见对社会经济文化发展产生显著改变	√
		仅在历史文献或口耳相传中存在,未见实际介入社会经济发展	

续表

评价项目	评价因子	评价依据（特点）	是否
影响力评价	辐射的范围	具有全国性、世界性的影响力	√
		具有长三角区域、浙江省影响力	
		具有市县、乡镇影响力	
	提炼的高度	已经被提炼为红色精神符号和理念理论	√
		单纯的样式、造型、工艺技术规范	
发展力评价	与当代精神追求和价值观念的契合	红色文化基因得到创造性转化、创新性发展；区域革命文化基因被完整继承、广泛弘扬；区域社会主义先进文化基因成为与浙江"三个地"相适应的文化高地	√
		部分转化、部分弘扬、部分发展	
		难以转化、难以弘扬、难以发展	

说明：基因特点评价是对解码出来的基因，根据本《导则》表2的要求，围绕"四个力"逐一对表打"√"，进行定性表述

（一）生命力评价

受降厅从诞生到现在已有七八十年的历史。在纪念中国人民抗日战争胜利50周年之际，中共富阳市委、市政府整修了受降厅并在其内部重新布展。为纪念中国人民抗日战争胜利70周年，中共富阳区委、区政府决定以受降厅为核心，扩建为浙江省纪念抗战胜利专题纪念馆。2015年9月2日，浙江省社会各界纪念中国人民抗日战争胜利70周年主题活动在抗日战争胜利浙江受降纪念馆举行。抗日战争胜利浙江受降纪念馆在当地广为人知、代代相传，加上各种渠道宣传和党员干部的主动学习，自出现起延续至今，未曾中断，生命力强大。

（二）凝聚力评价

抗日战争胜利浙江受降纪念馆作为富阳红色教育基地的重心点，充分利用纪念馆的红色教育资源，积极举办各类大型

活动：富阳区成年礼仪式、部队入伍仪式、小学生征文活动、小学生拉练活动、小小讲解员培训活动、红色记忆宣讲、道德模范宣讲、文化走读等等。近些年，该馆作为党性教育、爱国主义教育基地，越来越得到普及。由此可见，其在群众中产生了强大向心力和凝聚力。

（三）影响力评价

抗日战争胜利浙江受降纪念馆充分利用红色教育资源，为党员干部培训、群众路线教育、入党宣誓、青少年成年礼及其他各类主题教育活动的开展提供服务，在弘扬伟大抗战精神、开展爱国主义教育等方面产生了广泛和良好的社会影响，具有全国性的影响力。

（四）发展力评价

抗日战争胜利浙江受降纪念馆作为红色宣传阵地，致力于发动群众壮大红色队伍力量，开展爱国主义教育，坚定理想信念。与学校、部队、党员干部合作开展红色文化宣传，让更多人了解这一红色文化，传承伟大的抗战精神，具有强大的发展力。

三、核心基因保存

"天下兴亡、匹夫有责的爱国情怀""视死如归、宁死不屈的民族气节""不畏强暴、血战到底的英雄气概""百折不挠、坚忍不拔的必胜信念"的抗战精神作为抗日战争胜利浙江受降纪念馆的核心基因，文字资料《抗日战争在富阳》等保存于富阳区文化基因解码调查组资料库。实物资料保存在抗日战争胜利浙江受降纪念馆中。

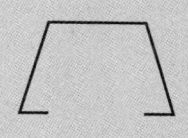

罗隐传说

富春精粹 富阳文化基因

罗隐传说

罗隐传说是中国民间文学宝库中一颗璀璨的明珠，它不仅在浙江富阳流传广泛，几乎深入千家万户，而且还扩展流布到大半个中国。有关罗隐的民间传说故事，内容非常奇特，产生的年代比较久远，而且流传的区域比较广泛。罗隐的传说故事从罗隐出生、保住罗隐的"圣旨口"开始，以仗着"圣旨口"行遍天下展开，又以主人翁自己丧生于"圣旨口"结束，实现了人物的完整性和故事集的完整性。总之，罗隐传说是一种流播极广、发育得十分成熟并且又极具个性特色的民间传说。

罗隐（833—910），杭州市富阳区新登人，本名横，字昭谏，自号江东生，生活在晚唐五代时期。27岁前，罗隐主要在老家读书，其间偶有短暂游历。27—38岁的12年间，多次参加科举考试，均不中。38—55岁，为游宦隐居期，先为衡阳县主簿，次隐居池州，后失意淮润。55岁以后依附钱镠，历官钱塘县令、镇海军节度掌记、镇海节度判官等，卒于给事中任。罗隐一生屡举不第，过着颠沛流离的生活，足迹遍及今浙江、江苏、安徽、江西、福建、北京、天津、山东、河北、山西、陕西、河南、湖北、湖南、广东、广西、贵州、四川、重庆等19个省（市、自治区）。特殊的时代、特殊的经历造就了特殊的罗隐。最令人惊奇的是，作为古代著名文人，罗隐有若干个"最"：

①中国古代诗人中"屡举不第"的最高代表。

②中国古代"秀才"称号的垄断者，罗隐秀才甚至比杜工部、韩吏部更家喻户晓。

③中国古代"讽刺诗人"的最高代表。在整个中国文学史上以辛辣讽刺为主要特色的诗文作家，首推罗隐。

④在唐代著名诗人中，关于他的民间故事传说数量最多，流传最广。

⑤在唐代著名诗人中，罗隐是民间神话程度最高的人物，是唯一见诸《中国神话大词典》的唐代诗人。

⑥在唐代著名诗人中，罗隐的诗文著作种类最多，至少有15种。

⑦在唐代著名诗人中，其坟墓祠庙数量之多，也是其他诗人无法比拟的。

而这些"最"大多沉潜在文化的中下层，不为当代精英分子所熟悉。正因为罗隐是文学、思想哲学、民间传说和宗教神话的四维人物，他留下了丰富的书面文字著述、大量口耳相传的民间传说、分布各地的历史遗迹，具有立体性和丰富性，再加上其特有的沉潜性，亟待发掘与传播，所以提出"罗隐文化"的概念顺理成章。

一、要素分解

（一）物质要素

1. 衰弊颓败的时代背景。晚唐，那是一个孕育着种种危机和矛盾的衰弊颓败的时代。当时有识之士就指出，官有"八入"，国有"九破"，民有"八苦""五去"。司马光在《资治通鉴·唐纪六十》中也描绘过这段历史："于斯之时，阉寺专权，胁君于内，弗能远也；藩镇阻兵，陵慢于外，弗能制也；士卒杀逐主帅，拒命自立，弗能诘也；军旅岁兴，赋敛日急，骨血纵横于原野，杼轴穷竭于里闾。"藩镇割据，宦官擅权，党派倾轧，南衙与北司纷争，使统治阶级内部矛盾更加激化；统治集团贪残昏朽，政治黑暗腐败使社会矛盾日趋尖锐，民不聊生，纷纷揭竿而起；国防空虚，外族不断入侵。在内忧外患中，昔日强大的大唐帝国逐渐走向崩溃并最终灭亡。罗隐就生活在这样一个风雨飘摇的时代中，也似乎命中注定要历经坎坷。

2. 渊博的知识与丰富的阅历。历史上的罗隐，由于聪明多知，阅历丰富，洞察力独特，早就有"出语成谶"的美称。关于罗隐说话应验，宋代便多有记载。其中最著名的，便是宋代钱俨《吴越备史》中的这段记载："隐性不喜军旅，唯与丞相杜建徽善。王初城西府，命宾僚巡览，顾谓左右曰：'百步一敌楼，足以言金汤之固。'隐徐曰：'敌楼不若内向。'及徐许之乱，人皆以为先见。"罗隐这条预言，后人多有转载，还有添油加醋的，比如司马光《资治通鉴》、沈括《梦溪笔谈》、黎靖德《朱子语类》，还编出罗隐故意装作不认识楼橹，问钱王"此何等物""设此何用"这样的情节。罗隐的诗文有很多"诗谶"，其预言功能也神乎其神。比如罗隐的诗友常修，唐咸通六年（865）高中进士，但是在咸通五年的秋天，罗隐便在扬州作《广陵秋夜读进士常修三篇因题》诗，诗末云"明年二月春风里，江岛闲人慰所思"，预言明年二月放榜常修定会及第。

3. 丰富立体的传说故事。由于罗隐大半生困于科考，饥寒交迫，终生进士未第，不过是个秀才，因此，民间称呼他为罗隐秀才或"罗衣秀才"，有的讹作"罗游秀才"。自五代以来，罗隐秀才的传说在民间流传不衰，版本有数十种之多，而且逐渐被神化，罗隐遂成为半人半神、亦人亦神的形象。罗隐的传说内容丰富，类型繁多，主要有以下几种：

①奇异身世：如《罗隐出世》《讨饭骨头圣旨口》《升华之变》《罗隐取名的由来》《箩罩隐孩》《罗隐换龙骨》等。

②惩恶扬善：《罗隐续雪联》《罗隐对诗》《春联侃财主》《罗隐告状》《罗隐对诗》《罗隐放牛》等。

③幽默诙谐：《错把螺蛳作罗诗》《酸死了》《竹鞭夜壶弓》《一碗炒黄豆》《罗隐与钱王洗浴》《罗隐买缸》等。

④亲近平民：《罗隐救人》《蚂蚁不入油车房》《番薯节节插》《犁田不用牛绳》《罗隐驯牛》《水往高处流》《罗隐吃萝卜》《草鞋坝》等。

⑤超群智慧：《罗隐与富阳毛纸》《蓬青果》《牵纸窝榔头》《尾巴翘一翘》《蚂蟥和石灰》《青松毛好烧镘》等。

⑥不甘示弱：《罗隐戏神仙》《厦门古窑址》《罗隐讨茶》《宦矿坞里为什么没有石灰》《皇天畈的蚂蟥为什么这么多》《车水》等。

⑦地名传说：《枫林咽泉》《浮石潭的传说》《福建宁德东狮山》《金竹岭的蚊虫》《罗隐坝》《东阳石头难烧灰》等。

今人刘金编有《罗隐的故事种种》。

（二）精神要素

1. 警世鞭恶的创作思想。罗隐特别偏爱截取社会生活中的假、丑、恶现象,并把它们作为素材写进作品加以揭露和抨击,痛快淋漓地宣泄了心中的抑郁和愤懑之情。作者深知描绘假、丑、恶更易激发人们强烈的情感,更易起到良好的警示作用,并进一步激起人们对真、善、美追求的热情。《救夏商二帝》一文似乎无意中阐释了这一点:"夫能极善恶之名,皆教化之一端也。善者俾人慕之,恶者俾人惧之。慕之者,必俟其力有余;惧之者,虽寝食不忘之也……而慕之者未必能及,惧之者庶几至焉。"童庆炳先生深得其中"三昧",对此有精辟论述:"一般地说,美,特别是浅层的美,如鲜艳的色彩、动听的音乐,以及其他谐美的样式,都过多地炫耀其外部,没有余力去表现其内部。这样,当面对这些'美'时,我们的心理器官就会在感觉不到其内部的本质的情况下而过分顺利地移动。尽管我们也感到了愉快,但缺少那种窥视到事物底蕴的深刻的愉快。相反,丑的对象,其外在的形态对审美感官具有阻拒性,它不会顺利地给人们带来快感。但它却具有一种吸引力(假如在一个风景如画的处所发生车祸,大家都会把美置于一旁,而去围观那鲜血横流的场景),促使人们从对象的外在表象中解脱出来,而去关注与追寻对象内部的真实和蕴含的意味,这样,丑的对象就给人带来一种更深刻的、更震撼人心的美感。"

2.匡世救民的雄心壮志。晚唐后期是唐王朝各种社会政治危机总爆发的时期,气息奄奄的唐王朝更加腐朽黑暗,无可挽回地走向彻底崩溃的穷途末路。懿宗咸通以后,朋党之争渐趋消失,但宦官专权依然猖狂,并且宦官和朝臣以及地方藩镇将领之间的矛盾激化。吏治腐败,贪赃枉法,穷奢极欲,寻欢作乐蔚然成风,赋税增加,自然灾害频发,使得老百姓的负担越来越重。走投无路的老百姓最终走上反抗的道路。大中十三年底(860年初),浙东裘甫领导的农民起义,揭开了唐末农民起义的序幕,随后王仙芝、黄巢聚众响应,农民起义如火如荼地展开。后来,黄巢起义军攻破长安,建立大齐政权,坚持抗争近十年。农民起义军以摧枯拉朽的破坏作用,从根本上动摇了唐王朝的基础。农民起义军被扑灭后,各地的军阀又转向争夺地盘,苟延残喘的唐王朝在风雨飘摇中一步步走向瓦解与分裂了。罗隐一生主要活动于唐宣宗大中以后的半个多世纪，他自幼饱读诗书，才华横溢，希望通过参加科举考试，一举登科，进而走上仕途，以实现匡世救民的雄心壮志。

3. 拯时救世的用世精神。罗隐自从踏入科场，竟十举不第，理想破灭，不得不辗转奔波于藩镇之间乞食求生，备尝生活的艰辛和人世间的世态炎凉。在漫长的乞食求仕生涯中，他深刻地感受到社会的腐败、流亡的痛苦。于是他用自己手中的笔，揭露和批判现实的黑暗腐朽，宣泄自己心中的愤激不平之气，为改革现实而抗争、呐喊。

（三）制度要素

千百年来的口耳相传。罗隐传说故事很多，举不胜举。这些传说故事往往简单易懂，与百姓生活密切相关，百姓喜欢听，便于口耳相传，传承至今，经久不衰。

（四）语言和象征符号

讨饭骨头圣旨口。民间传说故事中的罗隐，出身于穷苦人家，而母亲却是一个"老虎精"。罗隐原本命中注定要大富大贵当皇帝，因此在他小时候经过村边的庙宇时，庙内的菩萨都要站立起来恭恭敬敬地向他行礼。家中的灶司菩萨耳朵不灵又偏听偏信，听错了罗隐奶奶平时唠叨的话，向玉皇大帝谎奏了一本，说罗隐将来若当了皇帝要胡乱杀人。玉皇大帝是个急性子，他不作调查研究，立即派出天兵天将，下界来拆换小罗隐的全身骨头，要改变他的命运。天兵天将抓住了罗隐，动手拆除罗隐身上的富贵骨，换上讨饭佬的贱骨头。在旁的罗隐奶奶急中生智，采取应急措施，好不容易保住了罗隐的一副牙齿和嘴巴骨。于是罗隐成了"讨饭骨头圣旨口"，一个非常奇特的人。

二、核心基因提取与评价

基于对材料的全面、深入分析,得出本文化元素的核心基因:"丰富立体的传说故事""警世鞭恶的创作思想""匡世救民的雄心壮志""拯时救世的用世精神""讨饭骨头圣旨口"。

罗隐传说核心文化基因评价依据

评价项目	评价因子	评价依据(特点)	是否
生命力评价	文化基因存续的时间	自出现起延续至今,未曾明显中断	√
		自出现起延续至今,但多次衰微、中断后复兴	
		曾明显衰败,改革开放后开始复兴或历史溯源关键环节缺失,难以考证	
		文化形态主体已灭失,现存部分痕迹	
	文化基因的稳定性	在发展过程中保持相当稳定的状态	√
		在发展过程中存在明显的精神内涵、表现形式剧变	
凝聚力评价	文化基因的凝聚力及社会动员效果	曾广泛凝聚起区域群体的力量,显著推动过社会经济文化的发展	
		曾部分凝聚起区域群体力量,对社会经济文化的发展产生过影响	√
		凝聚过力量,创造过实际的发展动能,但未见对社会经济文化发展产生显著改变	
		仅在历史文献或口耳相传中存在,未见实际介入社会经济发展	

评价项目	评价因子	评价依据（特点）	是否
影响力评价	辐射的范围	具有全国性、世界性的影响力	
		具有长三角区域、浙江省影响力	√
		具有市县、乡镇影响力	
	提炼的高度	已经被古代文人士大夫和当代学者提炼为精神符号和理念理论	√
		单纯的样式、造型、工艺技术规范	
发展力评价	与当代精神追求和价值观念的契合	传统文化基因得到创造性转化、创新性发展；区域革命文化基因被完整继承、广泛弘扬；区域社会主义先进文化基因成为与浙江"三个地"相适应的文化高地	
		部分转化、部分弘扬、部分发展	√
		难以转化、难以弘扬、难以发展	
说明：基因特点评价是对解码出来的基因，根据本《导则》表2的要求，围绕"四个力"逐一对表打"√"，进行定性表述			

（一）生命力评价

千百年来，老百姓能口耳相传罗隐传说，就是因为它能够融入人们的生活，能够说出人民的心声，体现人民的意志，老百姓喜欢听、喜欢讲，愿意世世代代传承下去，而"丰富立体的传说故事""警世鞭恶的创作思想""匡世救民的雄心壮志""拯时救世的用世精神""讨饭骨头圣旨口"作为罗隐传说的核心基因，其生命力自然是强大和持久的。

（二）凝聚力评价

罗隐传说代表了江南民众的美好愿望和善良诉求。借助罗隐的"圣旨口"，道出百姓心声和对真理正义的追求，罗隐那类似济公的救世主形象，为百姓实现美好愿望、惩恶扬善、弘扬公平正义提供了支持，使罗隐成为下层老百姓的真正代言人。通俗的罗隐传说亦代表了民间喜剧性文化的鲜明特点。罗隐秀才的传说来自民间，罗隐那苦中求乐、化悲剧为喜剧的诙谐形象，既充满智慧，又妙趣横生，在民间具有极强的凝聚力，同时具有深远的民俗学意义。

（三）影响力评价

罗隐传说在民间有着唐代任何其他重要作家都无法比拟的崇高地位，有关罗隐的民间故事流传之多、之广，亦非唐代任何其他重要文人所能及，罗隐的传说在整个中国文化史上也是一个奇特现象，值得深入研究。罗隐给国人留下的文化遗产是立体性的，既有大量的书面文字著述，也有口耳相传的民间传说，更有分布于全国各省的罗隐墓、罗隐祠、罗隐庙、罗隐寺等历史遗迹，影响力巨大。

（四）发展力评价

罗隐传说故事是脍炙人口的，它将源于生活的题材进行提炼，引人入胜，口耳相传，不胫而走。不难推想，人们对罗隐的认识很多都基于传说。不妨说，罗隐传说不仅在当时发挥了教益作用，对之后的社会历史文化也产生了极其深远的影响。弃恶扬善、爱憎分明的立场与当下社会的价值观高度吻合，具有当代价值和强大的发展力。

三、核心基因保存

"丰富立体的传说故事""警世鞭恶的创作思想""匡世救民的雄心壮志""拯时救世的用世精神""讨饭骨头圣旨口"作为罗隐传说的核心基因,文字资料《罗隐传说》《罗隐传说论集》等保存于富阳区文化基因解码资料库。

《与朱元思书》

富春精粹　富阳文化基因

《与朱元思书》

《与朱元思书》是南朝梁文学家吴均所著的一篇著名的山水小品,是他写给好友朱元思(一作宋元思)信中的一个片段,被视为骈文中写景的精品。此文既用人的真实感受体现出山水之美,也抒发了对功名利禄的鄙弃,对官场政务的厌倦,含蓄地流露出爱慕自然、避世退隐的高洁志趣。

　　《与朱元思书》流传下来的文段为:"风烟俱净,天山共色。从流飘荡,任意东西。自富阳至桐庐一百许里,奇山异水,天下独绝。水皆缥碧,千丈见底。游鱼细石,直视无碍。急湍甚箭,猛浪若奔。夹岸高山,皆生寒树,负势竞上,互相轩邈，争高直指，千百成峰。泉水激石，泠泠作响；好鸟相鸣，嘤嘤成韵。蝉则千转不穷，猿则百叫无绝。鸢飞戾天者，望峰息心；经纶世务者，窥谷忘反。横柯上蔽，在昼犹昏；疏条交映，有时见日。"

吴均（469—520），字叔庠，吴兴故鄣（今浙江安吉）人。他好学有俊才，诗作清新，其作品多为反映社会现实之作，深受沈约的称赞。同时，其文工于写景，诗文自成一家，常描写山水景物，被称为"吴均体"，开创一代诗风。梁武帝天监初年，为郡主簿。天监六年（507），被建安王萧伟引为记室。临川王萧宏将他推荐给武帝，很受欣赏，后被任为奉朝请（一种闲职文官）。吴均欲撰《齐书》，求借齐起居注及群臣行状。武帝不许，于是他私撰《齐春秋》，称梁武帝为齐明帝佐命之臣，触犯武帝，书焚，并被免职。不久吴均奉旨撰写《通史》，未及成书即去世，卒于普通元年（520），时年五十二岁。吴均既是历史学家，又是著名的文学家，著有《齐春秋》三十卷、《吴均集》二十卷，注《后汉书》九十卷等，可惜已亡佚。

一、要素分解

(一) 物质要素

1. 时局动荡的历史背景。南北朝（420—589）是两晋以后一段漫长的历史时期。在此期间，中华大地上政治军事动荡不安，朝代政权更迭频繁，社会一派混乱。南方经历了刘宋、齐、梁、陈四个朝代的更换，史称为"南朝"。北方经历从北魏到北周的朝代更迭，史称为"北朝"。在这样一个颓唐黑暗的时代，贤臣良将不得善待，往往落得凄惨的下场。多数德才兼备的读书人仕途坎坷、碌碌终生，空怀报国之心而无用武之地。然而，时势的悲苦能造就卓越的人才。当时不得起用的"迷惘一代"并未消磨一生，怨天尤人。他们寄情山水，将所感所思流淌于心灵之间、纸笔之间、山水之间。因此，南朝虽仅有169年历史，但是文学繁荣，作家、作品数量空前。谭正璧《中国文学家大辞典》共收魏晋南北朝作家约800人。严可均《全上古三代秦汉三国六朝文》共收作家3496人以及作品523卷。逯钦立《先秦汉魏晋南北朝诗》收录这个时期的诗歌共106卷。可见，这个短暂而动荡的年代涌现出了一大批独领风骚的文学艺术大家，极大程度上丰富了我国文学的宝库。

2. 山水文学鼎盛的文化环境。东晋以降，山水诗文创作对当时的社会产生了深刻影响，形成了山水文学鼎盛的文化环境。

在此环境中成长起来的南朝士人主动选择了走进自然、发现自然、感受自然和抒写自然。因此其文学创作的美学旨趣开始倾向于"写实""自然寻美"以及"重韵味"。这与钟嵘《诗品》中提出的"直寻"、"自然英旨"以及"滋味说"等审美标准颇为相近。基于这样的美学理想，南朝士人在文学创作中更加注重对自然美学特质的挖掘与建构。这不仅丰富和发展了人们对自然美的认识与理解，也使抽象的自然审美更加情感化、形象化和生活化，有利于拉近审美主客体之间的心灵距离。

（二）精神要素

1. 实事求是、严谨务实的史家品格。吴均是南朝齐、梁乱世间卓越的文学家和史学家。他精通历史，又擅长赋诗著书，深得梁武帝赏识，后投身仕途，任职"奉朝请"。然而仕途坎坷，吴均因撰写史书触怒皇帝而被免职。《南史·吴均传》记载："先是，均将著史以自名，欲撰《齐书》，求借齐起居注及群臣行状，武帝不许；遂私撰《齐春秋》，奏之。书称帝为齐明帝佐命，帝恶其实录，以其书不实，使中书舍人刘之遴诘问数十条，竟支离无对，敕付省焚之，坐免职。"此后，他仕途一片渺茫，身陷黑暗的官场深渊，再无被起用之日，故云："均尝不得意，赠恽诗而去，久之复来，恽遇之如故，弗之憾也。"虽然吴均因触犯梁武帝的威严被贬谪罢官，但他在撰史过程中实事求是、严谨务实的史家品格成为南北朝历史上的精神丰碑。

2. 寄情山水、自由洒脱的隐逸思想。隐逸，即古代文人志士避开世俗官场、投身于自然山水的文化现象。受时代和社会风气的影响，大批知识分子、文人志士归隐山林，以闲适清净的隐居生活为乐，逐步形成一种文化主流。隐逸现象始于先秦，经汉代逐步发展，到魏晋南北朝、隋唐五代达到极盛水平。隐逸与山水有密切的联系，在思想内涵上多关乎逃避权欲名利，追求清越超迈、安闲幽静的心灵归隐。富春江奇山异水的美丽画卷，使"鸢飞戾天者，望峰息心；经纶世务者，窥谷忘反"，成为文人士子归隐的一方沃土。那些雄心勃勃、企图一飞冲天的人，看见这样的山峰，也要沉迷山景而不作非分之想。那些终日忙碌于政务的官员们，望见这些优美的山谷，也要流连忘返。吴均生活的南朝盛行追逐名利之风。他的作品在描绘富春江山水美景的同时流露出淡泊功名的心态，含蓄传达出爱慕美好自然、避世退隐的高洁志趣。

3. 共隐林泉的文人友情。吴均给朱元思写此书信的宗旨如何，因不见其原信全文，难以臆断。就节录的这部分内容推断，其宗旨是自明本志，同时也对朋友婉言相劝，希望他早日离开官场，退隐林泉。节录部分结尾处，吴均用"横柯上蔽，在昼犹昏。疏条交映，有时见日"描述了日光时昏时见的景致，是含有深意的。这种明暗交映的写法，揭示出一个生活哲理：富贵中人有他们自己的享受，但也有为世俗所累的烦恼；遁迹山林的人固然有生活的某些不便之处，但那种享受山水之乐的闲情雅趣却是富贵中人所无法比拟的。以此隐喻，吴均婉转地表达了对好友的规箴和劝勉之意。

4. 对祖国山川的热爱之情。作品描绘了自富阳至桐庐一百许里的山水风物。先用"奇山异水，天下独绝"概括富春江山光水色的总体特点，其赞美之情溢于言表。再用"水皆缥碧，千丈见底。游鱼细石，直视无碍。急湍甚箭，猛浪若奔"表现水之异，流缓之处，清澈见底，流急之处势不可当。用"夹岸高山，皆生寒树，负势竞上，互相轩邈，争高直指，千百成峰"表现山之"奇"，峭壁之上，寒树丛生，层峦叠嶂，争相竞高，直入云天，动态比拟中透出勃勃生机。"泉水激石，泠泠作响；好鸟相鸣，嘤嘤成韵。蝉则千转不穷，猿则百叫无绝"，作者用泉泠、鸟鸣、蝉啭、猿叫等各种悦耳的声音汇成和谐的大自然交响曲，令人神往。这一幅幅奇丽的画面，传达出的是对祖国山河的无比热爱和热情赞美。

（三）制度要素

对仗工整的骈文文体。南北朝是骈体文的成熟期和鼎盛时期，涌现了大量杰出作品，以至后世有人称之为"一代之文学"。"骈"的本意是两马并驾一车，这里喻指全篇文章俪辞偶句，两两相对。骈体文作为我国独有的一种特殊文学体裁，在行文上有自己的独到之处：讲究骈偶、声律、用典和藻饰。骈偶，是指骈体文在句式上一般要求用四字句和六字句，因此骈体文又被称为"四六文"。

（四）语言和象征符号

1. "奇山异水，天下独绝。"8个字精妙地描绘出富春山水奇绝的美妙画卷，千古流传，为富阳打造现代版《富春山居图》实景地注入了深厚的人文底蕴。

2. 独树一帜的"吴均体"。吴均之文风可谓独树一帜、独领风骚，史称"均文体清拔有古气，好事者或学之，谓为吴均体"。吴均体文风清新，笔势隽洁，简练传神，意态潇洒而韵味深远，传情达意时突破模式化表达的限制，情感心声吐露自由不拘，抛弃辞藻语言堆砌的限制，形成独特的文风。其文着意描摹，工于写景，常以白描为主，无华丽辞藻的堆砌，将置身于自然之感融入笔风文风，看似随意挥洒，而又章法井然，推敲咀嚼赏读一番即可见其深层内蕴。吴均之作《与朱元思书》为一篇优秀的骈体文，是六朝山水小品中的优秀代表作。

3. 归返自然的山水文学体。山水文学是以山水为主要描写对象的文学。它所描写的内容以山水为主，而又不限于山水，还包括山水组合成景的其他自然景观和人文景观。山水文学不仅仅描绘山水的风景之美，字里行间还传达着文人置身于山水之间的所感所想，渗透着文人的山水情怀，传递着文人的山水审美体验和感悟。"山林皋壤，实文思之奥府。"自然是文人写作素材的浩大宝库，自然涵纳人类的同时又丰富着人的体验感知。文人置身于自然，犹如走进了文学创作的素材殿堂。隐逸文人长期归隐于大自然之中，通过视、听、嗅、味等多种感官全方位体验着自然的馈赠，耳濡目染间对山水的外在景色之美和内在哲思之美有了更深层的体会感悟。归隐生活使文人获得了直接接近、体验自然的机遇，优游自在的生活节奏为文人加工感性材料、进行文学创作提供了时间保障，这一系列的因素成为山水文学产生发展的必要条件，缺一不可。

二、核心基因提取与评价

基于对材料的全面、深入分析，得出本文化元素的核心基因："实事求是、严谨务实的史家品格""寄情山水、自由洒脱的隐逸思想""共隐林泉的文人友情""对祖国山川的热爱之情""对仗工整的骈文文体""独树一帜的'吴均体'""归返自然的山水文学体""奇山异水，天下独绝"。

《与朱元思书》核心文化基因评价依据

评价项目	评价因子	评价依据（特点）	是否
生命力评价	文化基因存续的时间	自出现起延续至今，未曾明显中断	√
		自出现起延续至今，但多次衰微、中断后复兴	
		曾明显衰败，改革开放后开始复兴或历史溯源关键环节缺失，难以考证	
		文化形态主体已灭失，现存部分痕迹	
	文化基因的稳定性	在发展过程中保持相当稳定的状态	√
		在发展过程中存在明显的精神内涵、表现形式剧变	
凝聚力评价	文化基因的凝聚力及社会动员效果	曾广泛凝聚起区域群体的力量，显著推动过社会经济文化的发展	
		曾部分凝聚起区域群体力量，对社会经济文化的发展产生过影响	√
		凝聚过力量，创造过实际的发展动能，但未见对社会经济文化发展产生显著改变	
		仅在历史文献或口耳相传中存在，未见实际介入社会经济发展	

续表

评价项目	评价因子	评价依据（特点）	是否
影响力评价	辐射的范围	具有全国性、世界性的影响力	√
		具有长三角区域、浙江省影响力	
		具有市县、乡镇影响力	
	提炼的高度	已经被古代文人士大夫和当代学者提炼为精神符号和理念理论	√
		单纯的样式、造型、工艺技术规范	
发展力评价	与当代精神追求和价值观念的契合	传统文化基因得到创造性转化、创新性发展；区域革命文化基因被完整继承、广泛弘扬；区域社会主义先进文化基因成为与浙江"三个地"相适应的文化高地	
		部分转化、部分弘扬、部分发展	√
		难以转化、难以弘扬、难以发展	

说明：基因特点评价是对解码出来的基因，根据本《导则》表2的要求，围绕"四个力"逐一对表打"√"，进行定性表述

（一）生命力评价

南北朝吴均至今已有1500多年的历史，无数文人墨客为富春江留下了赞美的诗篇，如宋代杨万里的"潇洒桐庐县，寒江缭一湾。朱楼隔绿柳，白塔映青山"，朱熹的"一山云水拥禅居，万里江楼绕屋除"，元代赵孟頫的"历历山水郡，行行襟抱清。两崖束沧江，扁舟此宵征"等。历代诗人用诗句来描绘富春江"奇山异水，天下独绝"的美妙画卷，可见其基因生命力之强大。

（二）凝聚力评价

历史上无数王侯将相、文人墨客因为富阳绝佳的山水和深厚的人文底蕴而来到富春大地游历和生活，如孙权、罗隐、黄公望、董邦达、董诰、郁达夫等。孙权后裔定居龙门古镇，黄

公望给世人留下了《富春山居图》，郁达夫写了《东梓关》，这些都在富春大地留下了深深的印记，给富春大地留下了宝贵的人文历史财富，同时吸引着越来越多的文人墨客、才子佳人前来富阳游览和定居。可见其凝聚力之强大。

（三）影响力评价

自南北朝至清代1500年间，有一千多位诗人、词人吟咏富春江山水，留下诗词达2000余首。加之元代黄公望《富春山居图》，富春江"奇山异水，天下独绝"的胜景早已为世人所熟知。富春江两岸巧夺天工的自然景观和旷古悠远的历史遗迹缀连成片，相映成辉，闻名于天下，影响力巨大。

（四）发展力评价

《与朱元思书》的这些核心基因，与富阳当下"一条江、一座城、一幅画，《富春山居图》实景地"的发展理念完美契合，为把富阳全区域打造为"产业现代、都市一体，生活富裕、精神富足，水碧天蓝、和谐智治"的现代版"富春山居图"提供了强大的文化支撑，因此具备很好的创造性转化、创新性发展前景。

三、核心基因保存

"实事求是、严谨务实的史家品格""寄情山水、自由洒脱的隐逸思想""共隐林泉的文人友情""对祖国山川的热爱之情""对仗工整的骈文文体""独树一帜的'吴均体'""归返自然的山水文学体""奇山异水,天下独绝"作为《与朱元思书》的核心基因,文字资料《富春江名胜诗集》、吴均《与朱元思书》等保存于富阳区文化基因解码调查组资料库。

《新城道中》

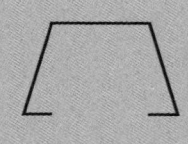

富春精粹　富阳文化基因

《新城道中》

《新城道中》（二首）是北宋文学家苏轼的七言律诗组诗作品。北宋熙宁四年（1071）六月，苏东坡因议新法与王安石政见不合，主动请示外调，以太常博士直史馆通判杭州。其时，富阳、新城为杭州属县。宋神宗熙宁六年（1073）二月，苏轼视察杭州属县、经过新城（今杭州市富阳区新登镇）时作此二诗。这两首诗写出了作者在这次出巡途中见到的美景和山行途中感受到的乐趣。诗曰：

新城道中（其一）

东风知我欲山行，吹断檐间积雨声。

岭上晴云披絮帽，树头初日挂铜钲。
野桃含笑竹篱短，溪柳自摇沙水清。
西崦人家应最乐，煮芹烧笋饷春耕。

新城道中（其二）

身世悠悠我此行，溪边委辔听溪声。
散材畏见搜林斧，疲马思闻卷旆钲。
细雨足时茶户喜，乱山深处长官清。
人间歧路知多少，试向桑田问耦耕。

《新城道中》（其一）写作者出巡时途中所见的美丽景色，愉快地赞美了山村人家和平的劳动生活。首联"东风知我欲山行，吹断檐间积雨声"写诗人正打算去山里，恰好这时春风吹断了屋檐下积雨的声音，他心里愉悦，因而觉得春风极通人性，仿佛知道他这羁旅之人要去山里，特意为之吹断了积雨。这样写，就赋予"东风"人的感情色彩，即所谓"以我观物，物皆著我之色彩"。这一联诗，写"我欲山行"，写春风吹断了积雨，新颖别致，饶有诗意，有领起下文描写春晴之日山村风物、山人生活的作用，也为全诗写景抒情奠定了轻松活泼的基调。颔联"岭上晴云披絮帽，树头初日挂铜钲"描写了春晨山村晴景，

诗人选择了山头、白云、树梢、初升的太阳等四种自然景物来加以描绘，并以"披絮帽"（戴棉絮制成的帽子）与"挂铜钲"（挂铜盘）分别比喻"岭上晴云"与"树头初日"。以絮喻白云并非苏轼首创，此前韩愈就有"晴云如擘絮"的诗句（见《晚寄张十八助教周郎博士》），但苏诗用"披絮帽"来比喻笼罩在山头上的白云，在前人的基础上有所突破，更为贴切、形象、生动。诗人以"挂铜钲"喻"树头初日"也基本上达到了"形似"。

颈联继续描写山村的自然景物，语言生动，诗意盎然。"野桃含笑竹篱短"重在描写"野桃"，"溪柳自摇沙水清"主要是刻画"溪柳"。前者以拟人化的诗语"野桃含笑"形象生动地反映出野生的桃树鲜花绽开，而以"竹篱短"三字侧面烘托"野桃"高过竹篱。后者写溪边柳的枝条在春风吹拂下摇曳多姿、翩翩起舞，写活了"野桃""溪柳"，使山村自然景物充满了勃勃生机，洋溢着欢快的气氛。尾联由自然景物的描写转入对农人及其生活的反映，更增添了这种喜情。此联紧扣一个"乐"字。雨过天晴，春暖花开，景致优美，令人心旷神怡，

何况这又是闹春耕的大好时光。如此美景良辰不能不使农人倍感欢欣。西崦（西山）人家又是煮芹，又是烧笋，忙着春耕，其乐无穷。

《新城道中》（其二）继续写山行时的感慨和将至新城时问路的情形，与第一首诗词意衔接。此诗的末两句用《论语》中的典故喻归隐之意。第二首由写景色为主转入抒情为主，写诗人苏东坡山行时的感慨。行进在这崎岖漫长的山路，不禁使诗人联想到人生的旅途同样也是这样崎岖而漫长：有山重水复，也有柳暗花明；有阴风惨雨，也有雨过天晴。应该怎样对待自己的人生？

首联：身世悠悠我此行，溪边委辔听溪声。诗人放松了缰绳，任马儿沿着山里的小溪缓缓前行，诗人在马背上陷入了沉思。颔联：散材畏见搜林斧，疲马思闻卷旆钲。散材和疲马都是作者自况，在宋朝激烈的党争中，苏东坡无法在朝廷立足，才请求外调杭州任地方官。散材，指无用之才，用的是《庄子》的典故。搜林斧比喻政敌的迫害，诗人对政治斗争、官场角逐早已经感到厌倦，就好比久在沙场的战马，已经疲惫不堪，很想听到鸣金收兵的讯号。颈联：细雨足时茶户喜，乱山深处长官清。诗人想到了几日春雨给茶农带来的喜悦，想到了为官清正的友人新城县令晁端友。临近新城，沉思之间，诗人却迷路了。故尾联曰：人间歧路知多少，试向桑田问耦耕。诗人向田园中的农夫问路，同时也暗用了《论语》中孔子向隐者长沮、桀溺问路的典故，以此表达自己归隐的心。

作为一代文宗，苏轼不仅有过人之才气，更有为人之高风亮节。他生活在社会矛盾尖锐、党争激烈、朝政反复无常的朝代，但他心怀经世济民之志，耿直正派，坚持美好的政治理想，卓然自立，表里如一，一生沉浮、历尽艰辛，为历代文人所少见。《新城道中》不仅是优秀的山水风景诗，也是苏轼一生高风亮节、充满文人诗情和趣味的典例，同时它见证了北宋时期富春一带的绝美自然风光和农家春日盛景，无疑是富阳地区文学史上的瑰宝。

一、要素分解

(一)物质要素

1. 风景秀丽的东坡古道。东坡古道,原名葛溪古道,是贯穿古新城县的重要通道,故又称"新城道"。古道两边青竹夹道,农田村舍错落而居,粉墙黛瓦,桃红柳绿,小桥流水,鸡犬相闻,如同陶渊明笔下的世外桃源。苏东坡在杭州任通判期间,曾多次往返于杭州与新城之间,在这条古道上留下了许多动人的诗篇。《新城道中》是苏东坡从杭州沿葛溪古道去新登途中所作。当年苏东坡牵马乘竹排过湘溪,陶醉于新登佳山异水,留下了这旷世诗句。至今,十里湘溪村落还处处流传着苏东坡当年造访好友、牵马渡溪、遍游村舍的种种轶事。这条官道亦被后人称为"东坡古道"。

2. 春光明媚、春耕繁忙的富春盛景。《新城道中》两首诗是苏轼去往新城的途中所作,展现了路途的风景和诗人的心境。其中,第一首诗着重写景,描绘了沿途秀丽明媚的春光和农家繁忙的春耕景象。全诗从清晨诗人准备启程写起,以拟人手法表现东风多情，雨声有意：为了诗人旅途顺利，和煦的东风赶来送行，吹散了阴云，淅沥的雨声及时收敛，天空放晴。其中，"檐间积雨"说明这场春雨下了多日。而正当诗人"欲山行"之际，东风吹来，雨过天晴，诗人心中的阴影也一扫而光，所以他要把东风视为通达人情的老朋友一般了。出远门首先要看天色，既然天公作美，那就决定了旅途中的愉悦心情。出得门来，首先映入诗人眼帘的是那迷人的晨景：白色的雾霭笼罩着高高的山顶，仿佛山峰戴了一顶白丝绵制的头巾；一轮朝阳正冉冉升起，远远望去，仿佛树梢上挂着一面又圆又亮的铜钲。穿山越岭，再往前行，一路上更是春光明媚、春意盎然。鲜艳的桃花、矮矮的竹篱、袅娜的垂柳、清澈的小溪，再加上那正在田地里忙于春耕的农民，有物有人，有动有静，有红有绿，构成了一幅画面生动、色调和谐的农家春景图。

（二）精神要素

1. 远离俗事、热爱自然的诗人情趣。在第一首诗中，雨后的山村景色如此清新秀丽，使得诗人出发时的愉悦心情有增无减。因此，从他眼中看到的景物都带上了主观色彩，充满了欢乐和生意。野桃会"含笑"点头，"溪柳"会摇摆起舞，十分快活自在。而诗人想象中的"西崦人家"更是其乐无比：日出而作，日入而息；田间小憩，妇童饷耕；春种秋收，自食其力，不异桃源佳境。这些景致和人物的描写是作者当时欢乐心情的反映，也表现了他远离俗事、热爱自然的情趣。

2. 向往自由、志在隐逸的文人情愫。《新城道中》第二首诗继续写山行时的感慨、将至新城时问路的情形，与第一首诗词意衔接。行进在这崎岖漫长的山路上，诗人联想到人生的旅途同样是这样崎岖而漫长。有山重水复，也有柳暗花明；有阴风惨雨，也有雨过天晴。诗人不知不觉中放松了缰绳，任马儿沿着潺潺的山溪缓缓前行。马背上的诗人低头陷入了沉思。三、四两句颇见性情，很有特色，脍炙人口。"散材""疲马"都是作者自况。作者是因为在激烈的新、旧党争中，在朝廷无法立足，才请求外调到杭州任地方官的。"散材"，是作者自喻为无用之才。"搜林斧"，喻指新、旧党争的党祸。即使任官在外，作者也在担心随时可能降临的飞来横祸，即便是无用之材，也畏见那搜林的利斧。作者对政治斗争、官场角逐感到厌倦，就像那久在沙场冲锋陷阵的战马，早已疲惫不堪，很想听到鸣金收兵的休息讯号。所以，作者对自己此时这样悠然自在的生活感到惬意。他在饱览山光水色之余，想到了前几日霏霏春雨给茶农带来的喜悦，想到了为官清正的友人新城县令晁端友。临近新城，沉思之余，急切间却迷了路。诗的最末两句，就写诗人向田园中农夫问路的情形，同时也暗用《论语·微子》的典故：两位隐士长沮、桀溺耦而耕，孔子命子路向他们问路，二人回答说："滔滔者，天下皆是也，而谁以易之？且而与其从辟人之士也，岂若从辟世之士哉？"诗人以此喻归隐之意。

（三）制度要素

情景相生的写作手法。《新城道中》（其一）意境优美：山岭白云缭绕，树梢朝阳悬挂，野桃笑脸迎人，溪柳摇曳多姿，溪水清澈见底，这充满生机的景色与西山人家煮芹烧笋喜闹春耕的生动场面以及诗人欢快的心情交织在一起，散发出泥土的馨香与生活的气息，组成一幅诗意盎然的山村风物画。这首七言律诗中间四句组成一套山水画屏。前两句描写远景：山峰戴上洁白的絮帽，树枝挂着明亮的铜锣，把晴天云朵和初升的太阳写得形象生动而富有神采。后两句描写近景：野桃花倚篱而笑，杨柳枝无风自摇，自然景物被赋予人的神态举止，极为妩媚。内心之乐和景色之美互相影响，互相渗透，苏轼运用了典型的情景相生写作手法。

（四）语言和象征符号

1.新颖活泼的拟人修辞。《新城道中》二诗在多处用到了拟人手法，赋予自然界的事物人的感情色彩，使诗显得新颖、活泼。如《新城道中》（其一）"东风知我欲山行，吹断檐间积雨声"一句就使用了拟人手法。苏轼觉得春风极通人性，仿佛知道他这羁旅之人要去山里，特意为之吹断了积雨，颇有"以我观物，故物皆著我之色彩"的趣味。颈联"野桃含笑竹篱短，溪柳自摇沙水清"以"野桃含笑""溪柳自摇"拟人化的诗语形象生动地反映出桃树、溪边柳的美妙姿态，使山村自然景物充满了生机和欢快的气氛。

2.贴切形象的比喻修辞。《新城道中》（其一）的颔联以戴棉絮制成的帽子与挂铜盘分别比喻"岭上晴云"与"树头初日"，既神似，又在前人的基础上有所突破，更为贴切、形象、生动。

二、核心基因提取与评价

基于对材料的全面、深入分析,得出本文化元素的核心基因:"春光明媚、春耕繁忙的富春盛景""向往自由、志在隐逸的文人情愫""情景相生的写作手法"。

《新城道中》核心文化基因评价依据

评价项目	评价因子	评价依据(特点)	是否
生命力评价	文化基因存续的时间	自出现起延续至今,未曾明显中断	√
		自出现起延续至今,但多次衰微、中断后复兴	
		曾明显衰败,改革开放后开始复兴或历史溯源关键环节缺失,难以考证	
		文化形态主体已灭失,现存部分痕迹	
	文化基因的稳定性	在发展过程中保持相当稳定的状态	√
		在发展过程中存在明显的精神内涵、表现形式剧变	
凝聚力评价	文化基因的凝聚力及社会动员效果	曾广泛凝聚起区域群体的力量,显著推动过社会经济文化的发展	
		曾部分凝聚起区域群体力量,对社会经济文化的发展产生过影响	√
		凝聚过力量,创造过实际的发展动能,但未见对社会经济文化发展产生显著改变	
		仅在历史文献或口耳相传中存在,未见实际介入社会经济发展	

续表

评价项目	评价因子	评价依据（特点）	是否
影响力评价	辐射的范围	具有全国性、世界性的影响力	√
		具有长三角区域、浙江省影响力	
		具有市县、乡镇影响力	
	提炼的高度	已经被古代文人士大夫和当代学者提炼为精神符号和理念理论	
		单纯的样式、造型、工艺技术规范	
发展力评价	与当代精神追求和价值观念的契合	传统文化基因得到创造性转化、创新性发展；区域革命文化基因被完整继承、广泛弘扬；区域社会主义先进文化基因成为与浙江"三个地"相适应的文化高地	√
		部分转化、部分弘扬、部分发展	
		难以转化、难以弘扬、难以发展	

说明：基因特点评价是对解码出来的基因，根据本《导则》表2的要求，围绕"四个力"逐一对表打"√"，进行定性表述

（一）生命力评价

《新城道中》是北宋著名文学家苏轼经过新城时所作，文学价值极高，为历代人们所吟唱。三大核心基因一直存在于此诗中，在读者的吟诵、解读中得以再现，在作者们的笔下被学习、借鉴，因此代代传承，具有极强的生命力。

（二）凝聚力评价

《新城道中》描绘了美丽自然风光和农家场景，体现了诗人对自然的热爱、对隐逸生活的向往。历代以来，这一诗作为人们所传唱，推动了文学创作活动的发展。

（三）影响力评价

两首诗以时间先后为序，依原韵自和，描绘"道中"所见

所闻所感，格律纯熟，自然贴切，功力深厚，对后世诗作具有较大的影响。

（四）发展力评价

《新城道中》是北宋大文豪苏轼路过新城时留下的名作，其描绘的富春盛景、恬淡清雅的诗趣、超然隐逸的情愫、妙笔生花的写法赋予了诗作极高的文学价值，也赋予了如今的富阳新登古城深厚的文化底蕴，为当地文旅的发展提供了强大的文化支撑力和 IP。

三、核心基因保存

"春光明媚、春耕繁忙的富春盛景""向往自由、志在隐逸的文人情愫""情景相生的写作手法"作为《新城道中》的核心基因,文字资料《新城道中》二诗为苏轼名作,可见于各类诗集。

新四军两渡富春江

富春精粹 富阳文化基因

新四军两渡富春江

1944年底，中国人民的抗日战争进入决胜阶段。为配合美国盟军登陆东南沿海对日作战，迎接战略反攻，中共中央重申了新四军向东南发展的战略。粟裕和叶飞先后率部向苏浙皖边敌后进军，于1945年初成立了新四军苏浙军区，统一领导苏浙皖边和浙东的党政军工作。在苏浙军区的领导下，创建了浙西抗日根据地，浙东抗日根据地得到了巩固和发展。1945年5月至8月，苏浙军区指挥第四纵队在富阳境内两次渡过富春江，与第二纵队在富阳胜利会师，使浙西、浙东两块抗日根据地连成了一片。

在取得两次天目山反顽自卫战胜利后，苏浙军区实施发展东南战略，派四纵两个支队渡富春江，以打通浙西、浙东抗日根据地的联系。1945年5月16日，第四纵队十一支队从孝丰白水湾先行出发，于5月19日上午从汤家埠渡富春江，次日在南岸中埠，与前来接应的第二纵队三支队、金萧支队胜利会师。浙西、浙东抗日根据地连成了一片。会师部队在路西地区打击"日伪顽"。

1945年5月下旬，接着渡江的第四纵队十支队遭到国民党顽军的阻拦，被迫发起新登战役，十一支队返回参战。6月初，新四军撤出新登，取得了第三次反顽自卫战的胜利。

1945年7月下旬，苏浙军区在取得天目山第三次反顽自卫战的胜利，粉碎了国民党顽军驱逐新四军出江南的狂妄企图后，继续执行发展东南的战略任务，再派四纵队两个支队于1945年8月1日从程坟第二次渡过富春江，与二纵队在常绿胜利会师。随后，会师部队组织会稽山战役，转战金萧地区，南下金义浦兰，打击"日伪顽"，巩固和扩大了金萧抗日根据地。

一、要素分解

（一）物质要素

1. 抗战进入决胜阶段的历史背景。皖南事变后，根据抗战的形势发展，中共中央和毛泽东在1941年和1944年分别作出关于开辟浙东战略基地和发展东南的重大战略决策。华中局和新四军军部贯彻决策，在浙东和苏浙皖边区，紧紧依靠和发动人民群众，广泛开展敌后抗日游击战争，先后开辟了以四明山为中心的浙东抗日根据地和以长兴、安吉为中心的浙西抗日根据地。

2. 发展东南的战略方针。1944年夏秋，美军在太平洋战场继续发动对日军的攻势作战，中国各抗日根据地频频反攻，日军已转入防御。为发展敌后抗战和配合"美军在中国沿海登陆时，要求新四军配合对日作战的计划"，中共中央果断地作出了"向东南发展"的战略方针。

3. 一渡富春江

①周密细致的后勤保障工作。1945年3月，苏浙军区向华中局、新四军军部汇报联系，准备南渡富春江，同时指示浙东方面做好配合和接应。第二纵队和浙东地方党组织在侦察联络、联系船只、筹款筹粮、迎接渡江等方面做了大量的工作，有力配合了第四纵队十一支队一渡富春江。

②路西抗日根据地的配合。为迎接新四军南渡富春江，中共金萧地委部署开辟路西抗日根据地。1945年2月，成立中共路西工委、金萧支队诸萧富浦（路西）办事处，扩建了中共富阳县中心支部，并派武工队员深入到富春江沿岸侦察敌情。

③富阳党组织恢复、发展和萧富联络站的建立。1945年4月，路西工委将中共小剡支部扩建为中共富阳县中心支部，恢复了小剡、龙门、下图山、水坞口等地党组织。在盛村（后移芳村）设立萧富联络分站，何益生任站长，下设木坞口、芳村、盛村、龙门、小剡、下图山、茅庵庙、姚村等联络点。1945年5月4日，路西工委接到金萧地委紧急指示信后，派路西工委委员、金萧支队侦察参谋蒋忠执行侦察敌情和到浙西孝丰汇报接应的任务。5月6日，蒋忠带领十多名武工队员，从大西区出发，深入富春江南岸侦察敌情。5月中旬，蒋忠和何益生、贾金灿穿过层层封锁线，经过两天的艰苦行程，到达孝丰白水湾新四军苏浙军区四纵司令部，向苏浙军区副司令员叶飞作了汇报。

④一纵、二纵的完美配合。打通浙东与浙西两条线路：东路，从杭州东北的杭州湾渡钱塘江，到达浙东三北地区；西路，从杭州西南地区南渡富春江，到达浙东金萧地区。4月中下旬，苏浙军区多次派出武装，对富春江北岸和海北地区进行侦察，因钱塘江江面太宽，最后决定走西路，即从日伪军与顽军交接区域的富阳境内渡富春江。随后苏浙军区第一纵队由天目山一带向南深入至富春江北岸的富阳，侦察敌情，为渡江做好准备。为确保十一支队顺利南渡富春江，一纵派一支队特务营从临安进入到富阳，担任自於潜西北的横路头，经藻溪、将军庙、永昌至富春江江北一线的防务，并派出一个排保卫富阳县抗日民主政府，控制住富春江北岸的渡口。1945年5月10日，到富春江南岸接应四纵十一支队渡江的二纵三支队二、三大队及参观连，在纵队政委谭启龙、支队长蔡群帆、政委钟发宗的率领下从梁弄出发，11日晚渡过曹娥江，12日上午在绍兴王坛附近的新桥头，击退了妄图阻拦的绍兴县国民兵团，俘获80多人，缴获6挺轻重机枪和20多支长短枪。13日到达诸暨大宣，与支队长彭林、政委杨思一率领的金萧

支队会合后，15日渡过浦阳江，越过浙赣铁路线，于16日晚进入富阳的大章村，17日抵达龙门。根据华中局的指示，1945年5月16日，苏浙军区四纵十一支队在纵队政治部主任曾如清的率领下，携带大小火炮20余门，从孝丰白水湾出发先行，准备南渡富春江，同行的还有苏浙军区派往浙东工作的十余名军政干部。5月20日上午，十一支队在二纵的配合下全部渡过富春江，与前来接应的二纵三支队、金萧支队在富春江南岸的中埠渡口胜利会师。

⑤一渡部队。苏浙军区四纵十一支队由新四军第一师教导旅第二团改编而来，全团1700余人，支队长余光茂，政委张孤梅，下设三个营及机炮连、侦察连。随十一支队渡江的还有前往浙东担任二纵副司令员的张翼翔及派往浙东工作的林楷、董乐辅、黄磊等数十名军政干部。

4.二渡富春江

①路西、二纵的配合。根据浙东区党委和金萧地委迎接的部署，路西县发布《关于组织运输站以利军运的训令》，在富阳境内建立大章村、龙门、盛村等4个运输站，派何益生、骆满昌、陆明贤3人再次去浙西联络，并作向导。1945年6月30日，金萧地委书记杨思一接到浙东纵队指挥部电："浙西反顽战已胜利结束，十一支队已到临安，命令金萧支队西去迎接。"7月4日，二纵电令金萧支队与三支一大同去路西接应第四纵队南渡富春江。7月10日，接应四纵的第二纵队三支一大在诸暨江藻与金萧支队会合后，彭林率金萧支队一部与三支一大赴路西，接应第四纵队。杨思一率金萧支队一部留在诸北，开展征粮筹款，运送物资，为大部队的到来做好后勤支援准备。1945年7月27日，苏浙军区第四纵队司政机关和第十、第十一支队5000余名指战员，在纵队司令员廖政国、政委韦一平等率领下从孝丰出发，沿"一渡"行军线路，于31日晚，翻东夹岭、新昌岭至程坟。8月1日，在金萧支队一个排和蒋忠率领的路西武工队配合下，从程坟渡过富春江。8月2日，四纵与二纵第三支队、金萧支队和金义浦兰"八大"三中队等在大章村及周围地区胜利会师。

②二渡部队。四纵由一师教导旅为主整编而成。十支队支队长陈挺，

政委孙克骥，全支队下辖三个营，2800余人。十一支队支队长余光茂，政委张孤梅，全支队1700余人，下辖三个营。

5. 蒋忠墓。位于常绿镇大章村大门山麓。蒋忠（1911—1948），原名章仲尧，常绿镇长春村木坞自然村人。1930年加入中国共产党，历任中共浦江县工委书记、中共富阳县特派员、金萧支队侦察参谋、中共路西特派员、路西地工委委员、会稽山人民抗暴游击司令部副司令员、路西县委书记兼县长等职。1948年6月17日，在北坞口与敌遭遇，光荣牺牲。墓向北偏东，为五烈士合葬墓；由甬道、祭台、风土包组成，墓半圆形，石砌水泥结构。该墓修于1966年，1981至2004年数度重修。现为杭州市市级文物保护单位。

6. 蒋忠旧居。位于常绿镇长春村木坞自然村。该建筑建于清代，坐北朝南，占地面积约117平方米，一进五开间，梁架为抬梁穿斗混合结构，两侧山墙为砖质雕花马头墙。

（二）精神要素

1. 天下兴亡、匹夫有责的爱国情怀。中华民族有着深厚的爱国主义传统，尤其是"天下兴亡、匹夫有责"的爱国传统，历来崇尚正义，热爱和平，不畏强暴，勇于反抗外来侵略。我们之所以能够战胜经济、军事实力远优于自己的日本帝国主义，其中一个极为重要的因素，就是中华民族有着"天下兴亡、匹夫有责"的爱国传统，并把这精神在严酷的历史环境中充分发扬、升华。像在新四军二渡富春江中的众多英雄人物，他们是在民族危难之际忠贞报国、勇赴国难的千千万万中华儿女的杰出代表。

2. 视死如归、宁死不屈的民族气节。在中华民族抵御日本帝国主义的侵略战争中，中华民族的优秀儿女以视死如归的精神，展示了不可战胜的民族气节。毛泽东在《论持久战》中写道："每个月打得一个较大的胜仗，如像平型关台儿庄一类的，就能大大地沮丧敌人的精神,振起我军的士气,号召世界的声援。"东北抗联主要领导之一的赵一曼牺牲前曾写下"未惜头颅新故国,甘洒热血沃中华"的豪言壮语。还有在这新四军两渡富春江中牺牲的英雄儿女们,他们用实际行动展示了视死如归、宁死不屈的民族气节。

3. 不畏强暴、血战到底的英雄气概。从近代反抗外来侵略的实践中,中国人民深刻认识到:软弱退让只能换来更大的屈辱,委屈求和无法赢得真正的尊严,唯有奋起反抗、英勇斗争才能获得解放和自由。中国军民这种"不畏强暴、血战到底"的英雄气概,是战胜日本帝国主义的强大精神力量,已经成为抗战精神的特有品格,铭刻在世界反法西斯战争的史册上。

4. 百折不挠、坚忍不拔的必胜信念。在整个抗战过程中,中国人民在中国共产党全面抗战路线的指引下,以百折不挠、坚忍不拔的必胜信念,筑牢战胜日本帝国主义的坚强精神防线。整个抗日战争期间,无论条件多么艰苦、战争多么残酷,中国抗日军民都始终没有丧失必胜的信念,英勇顽强,不怕牺牲,以血肉之躯筑起捍卫祖国的钢铁长城。在世界反法西斯战场上,中国坚持时间长达14年,如果没有百折不挠、坚忍不拔的必胜信念作支撑,抗击日本侵略军的斗争就很难取得最后的胜利。

(三)制度要素

建立新四军两渡富春江红色研学中心。新四军两渡富春江红色研学中心位于富阳区常绿镇大章村,于2019年开工建设,2021年6月投入使用,是集纪念、展示、教育、研究等多种功能于一体的大型红色主题研学中心,成为党员干部党性锻炼和红色研

学的示范教育基地。中心分为2层，共2120平方米，包括6个展厅、多媒体室、多功能教室、报告厅、书吧等。其中，一楼展厅面积1400平方米，二楼展厅面积720平方米，馆内展品数达150余件。展馆以时间为脉络，从不同角度将半景画、场景复原、实物展示、多媒体影片、互动展项等现代声光电技术融入多项展示环节，配合多种绘画形式、雕塑形式，以"集成式"的展项组合空间，讲述新四军两渡富春江的历史情况。展馆除序厅及尾厅，共分为六个部分，分别是中共中央发展东南战略决策、新四军苏浙军区一渡富春江、新四军苏浙军区二渡富春江、路西抗日根据地、军民鱼水情和功绩载史册，全面系统地介绍新四军两渡富春江的历史概况和主要事迹。

（四）语言和象征符号

伟大的抗战精神。伟大的抗战精神是一种伟大的民族精神，是中华民族源远流长的爱国主义在抗日战争中的锤炼和升华。这种精神，来自中华儿女内心深处对祖国的无比热爱。

二、核心基因提取与评价

基于对材料的全面、深入分析,得出本文化元素的核心基因:"天下兴亡、匹夫有责的爱国情怀""视死如归、宁死不屈的民族气节""不畏强暴、血战到底的英雄气概""百折不挠、坚忍不拔的必胜信念"的抗战精神。

新四军两渡富春江文化基因评价依据

评价项目	评价因子	评价依据(特点)	是否
生命力评价	文化基因存续的时间	自出现起延续至今,未曾明显中断	√
		自出现起延续至今,但多次衰微、中断后复兴	
		曾明显衰败,改革开放后开始复兴或历史溯源关键环节缺失,难以考证	
		文化形态主体已灭失,现存部分痕迹	
	文化基因的稳定性	在发展过程中保持相当稳定的状态	√
		在发展过程中存在明显的精神内涵、表现形式剧变	
凝聚力评价	文化基因的凝聚力及社会动员效果	曾广泛凝聚起区域群体的力量,显著推动过社会经济文化的发展	
		曾部分凝聚起区域群体力量,对社会经济文化的发展产生过影响	
		凝聚过力量,创造过实际的发展动能,但未见对社会经济文化发展产生显著改变	√
		仅在历史文献或口耳相传中存在,未见实际介入社会经济发展	

续表

评价项目	评价因子	评价依据（特点）	是否
影响力评价	辐射的范围	具有全国性、世界性的影响力	√
		具有长三角区域、浙江省影响力	
		具有市县、乡镇影响力	
	提炼的高度	已经被提炼为红色精神符号和理念理论	
		单纯的样式、造型、工艺技术规范	
发展力评价	与当代精神追求和价值观念的契合	红色文化基因得到创造性转化、创新性发展；区域革命文化基因被完整继承、广泛弘扬；区域社会主义先进文化基因成为与浙江"三个地"相适应的文化高地	√
		部分转化、部分弘扬、部分发展	
		难以转化、难以弘扬、难以发展	

说明：基因特点评价是对解码出来的基因，根据本《导则》表2的要求，围绕"四个力"逐一对表打"√"，进行定性表述

（一）生命力评价

抗战精神是以中华民族优秀文化传统为基础，在抗日战争中逐步凝练和升华，成为中华民族精神的重要组成部分。抗战行动地不分南北，人不分老幼，爱国主义在抗日战争时期得到了最好诠释。抗日战争时期，无数先烈在中华民族的生死关头共赴国难，在中国人民面前树立了坚决抵抗日本帝国主义的旗帜，挺起了民族独立与解放的脊梁。抗战精神像灯塔照亮了中国人民捍卫民族生存和发展的道路，也为世界人民进行民族解放斗争提供了宝贵经验。

（二）凝聚力评价

抗战精神激励中国人民持久抗战，懂得落后就要挨打，中国的问题只能靠中国人民自己去解决。面对日本侵略者，中国人民不畏强暴，表现出坚贞不屈的抗战精神。人民群众积极参

与抗战，使武装强大的日本侵略者陷于人民战争的汪洋大海，极大推进了抗战胜利的进程。在抗战精神的鼓舞下，人民群众凝聚起顽强的斗志。抗战精神把中华民族的每一个人团结在一起，在抗日民族统一战线的大旗下，不分民族、党派、身份、社会地位等，不论军民，不分贫富，纷纷行动起来，抵御日本侵略者，具有强大的凝聚力。

（三）影响力评价

抗战精神的形成，基于抗日战争全过程的实践活动，是中华民族的壮举和惊天动地的伟业，是一个半殖民地半封建的弱国战胜帝国主义强国的光辉典范。中国人民誓死捍卫国家独立，挽救民族危亡的成功实践，赢得了世界人民的赞誉，影响力巨大。

（四）发展力评价

中国人民抗日战争的伟大胜利，为中华民族由近代以来陷入深重危机走向伟大复兴确立了历史转折点。新的历史起点上，面对具有许多新的历史特点的伟大斗争，抗战精神依然是全体中华儿女弥足珍贵的精神财富，是激励中国人民克服一切艰难险阻为实现中华民族伟大复兴和推进世界和平发展而奋斗的强大精神动力。

三、核心基因保存

"天下兴亡、匹夫有责的爱国情怀""视死如归、宁死不屈的民族气节""不畏强暴、血战到底的英雄气概""百折不挠、坚忍不拔的必胜信念"的抗战精神作为新四军两渡富春江的核心基因，文字资料《抗日战争在富阳》《富阳县志》等保存于富阳区文化基因解码调查组资料库，实物资料保存在新四军两渡富春江研学中心。

二董文化

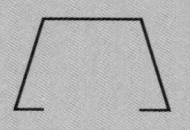

富春精粹 富阳文化基因

二董文化

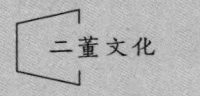

董邦达，字孚存，号东山，浙江（今杭州市富阳区）人。生于清康熙三十五年（1696），卒于清乾隆三十四年（1769），卒年七十四岁。卒谥"文恪"。董邦达一生在朝三十余年，出入丹禁二十余年，深得乾隆的赏识。是个御用文人，官廷画家。董邦达家贫力学，清雍正元年（1723）选拔为贡生。赴京应试，无力治装。得张照之助，挈之至京。但屡试不第，落魄在京，曾为某侍郎家记室，并娶其婢邓氏为继室。后得尚书励廷仪推荐，在户部七品官上行走。清雍正十一年（1733）成进士，授庶吉士。清乾隆二年（1737）授编修，曾修《石渠宝笈》《西清古鉴》《秘殿珠林》等书。清乾隆三年（1738），充陕西乡试考官。以博学鸿儒，命入内襄事，授右中允，充日讲起居注官。清乾隆十二年（1747）命直南书房，任内阁学士。以母忧归，逾年召回京师。清乾隆十五年（1750）补原官，迁侍郎，历户、工、吏诸部。清乾隆二十三年（1758）八月，扈从出巡木兰。腊月，曾在敦敏家会见过曹雪芹，并给曹著《南鹞北鸢考工志》题签作序。清乾隆二十七年（1762）迁左都御史。此后又在工、礼两部之间调任尚书多次，一直到死。

董诰（1740—1818），字雅伦，号蔗林，浙江（今杭州市富阳区）人，生于顺天府（今北京市），清代大臣、书画家。工部尚书董邦达长子，与其父有"大、小董"之称。董诰在清乾隆二十八年（1763）中举，得一甲第三名，即探花，但因董诰是官员之子，乾隆帝便将他改为二甲第一名，并在"朝考"中将其选为庶吉士。董诰在三年任期内预修国史、三通、皇朝礼器图。散馆，被授予翰林编修之职。清乾隆三十四年（1769），其父董邦达离世，董诰去官丁忧，丁忧结束后入直南书房。乾隆帝喜好诗书，十分赏识董邦达，董诰继承家学，擅长书画，又因奉职恪勤，深受乾隆帝眷注。清乾隆三十七年（1772），董诰升迁为翰林院侍读，任日讲起居注官，随侍乾隆帝左右，一年后任翰林院侍读学士，成为翰林院中的高级官员。清代有"非翰林不入内阁"的说法，而此时的董诰已经为他走向中枢权力机关做好了准备。清乾隆三十九年（1774），董诰奉命做江南乡试正考官，替皇帝考察学子，这是皇帝对董诰学问和品行的看重。这年，董诰任职内阁学士兼任礼部侍郎，仕途进入了一个新阶段。清乾隆四十年（1775）至清乾隆四十二年（1777），董诰担任了工部右侍郎、户部右侍郎、户部左侍郎之

职。清乾隆四十一年（1776），董诰任四库馆副总裁，接办《四库全书荟要》，兼任武英殿总裁。清代史无专官，总裁官由皇帝钦定，其他的人员则由总裁官提名给皇帝。能任史籍编纂的总裁官是很不一般的，不仅代表了皇帝对其学问和能力的认可，更代表了皇帝对其的信任。此后，董诰主持了多部史籍的编纂工作，例如清乾隆五十六年（1791）刊刻御制石经，董诰任副总裁；清乾隆六十年（1795），董诰任国史馆副总裁；清嘉庆四年（1799）担任实录馆总裁、国史馆总裁等。

一、要素分解

(一)物质要素

1.富春深厚的人文历史底蕴。董邦达出生在富春文化的核心地富阳,从小沐浴在富春江的水光山色之中。青少年时期,由于家贫亲历稼穑,又长期奔波于钱塘河埠、桐庐深澳及本邑湖源、环山等地授馆为业,对家乡山水、风俗、人文的理解具有相当的广度和深度。他人格的建立、才学的根基,都是在这方水土的滋养下,在富春文化的熏陶下奠定的。因此,这里的文化传统,无疑给他学习和创作山水画注入了有益因子。富春地域文化不但给董邦达打下了抹不去的烙印,而且其传统和特性积淀在他的骨髓里,流淌在他的血液中,成了他心灵深处的本源基因。这种本源基因,会伴随着他长期的成长和实践、认识与自我认识,并会时时流露并融注进其绘画作品之中。

2."土纸之乡"生长环境。富阳素称"土纸之乡",在我国造纸史上占有重要地位。富阳的造纸业,至少可追溯到魏晋时期。富阳生产的纸有皮纸、竹纸和草纸三大类。富阳制造皮纸的历史最为悠久,富阳皮纸是以构树皮、桑树皮为原料,传统产品主要有桑皮纸、桃花纸等。明代以后生产的草纸,是富阳纸的后起之秀。草纸以稻草为主要原料,曾长期是人们日常生活的必需品,素为富阳的大宗土特产品。但是,富阳最著名的是竹纸。富阳有广袤的竹林、充足的水源、优越的地理环境，竹纸生产资源丰富，条件得天独厚，他处不能相比。从唐五代时期我国出现竹纸始，富阳就开始以嫩竹为原料生产"竹纸"。千百年来，竹纸生产世代相继，并涌现出了数不胜数的能工巧匠，在富阳经济社会发展中有举足轻重的意义。富阳竹纸生产历史悠久，量多质佳，尤其是"元书纸"享誉海内外，成为富阳传统纸的代表。近些年在银湖街道泗洲村凤凰山脚发现的宋代造纸遗址，是迄今全国发现年代最早、规模最大的造纸遗址，这便是有力的佐证。该造纸遗址现为全国文物保护单位。造纸与一般的生产不同，纸品也与其他的产品不同。纸是文字的载体，也是书画的载体。纸品与文化是在互为依存、互为促进的直接关系中发展和提升的。因此，富阳纸乡在千百年的传承发展中，既形成了独特的风俗习惯，也形成了更为浓厚的文化氛围。董邦达生长在这样的纸乡氛围中，作为一个读书人，耳濡目染，在深受纸乡文化熏陶的同时，无疑也是最直接的受益者，因为纸是写字绘画的必需品。

3.黄公望与《富春山居图》的影响。黄公望与《富春山居图》对董邦达学习山水画有着引领激励作用。元代大画家黄公望晚年钟情富春山水，结庐隐居富阳庙山坞。在这里，他终日不辞辛劳，涉足于富春江两岸，这一时期，他给后世留下许多杰作，其中最著名的就是《富春山居图》。董邦达是个出类拔萃、博学多识的读书人，也是山水画的爱好者，他早年在湖源一带教书，看到富阳著名画家孙克恭作的山水画爱不释手，就临摹了一幅，无纤细之别。

4.二董传说。文人传说和清官传说是二董传说的基本属性。文人传说主要讲述历代杰出文人，包括诗人、作家、画家、书法家、哲学家等的生活轶事。这类传说用生动有趣的故事来渲染他们在事业上的精深造诣，或讲述他们成才的艰辛、求学的刻苦，具有很强的励志作用。清官传说则讲述官员贤明公正、勤政清廉、疾恶如仇、不畏强权、主持正义、幽默风趣、弘扬社会浩然正气的事迹。董邦达、董诰父子都是不畏艰辛，一生力学，通过科举考试进入仕途，又凭借勤政、清廉而长立朝堂，官德高尚，口

碑良好，载誉史册的人物。其散落在民间的传说故事也正与他们的身份经历相吻合。

5. 二董纪念馆。二董纪念馆位于富阳区春江街道新建村，建筑面积约 500 平方米，围绕勤政清廉主线，展示"二董"的生平事迹、艺术成就、故乡情缘、传说故事以及家风传承。

6. 董公祠。董公祠位于富阳区富春街道鹳山公园，建于清嘉庆年间，建筑面积约 600 平方米，为两进三厅合院式的传统风格建筑，内部陈设讲述"二董"清正廉洁、艺文大家、道德风范等三个主题。周边还建有富春江畔清廉长廊。

7. 二董墓。二董墓位于富阳区新桐乡程浦村，为董邦达、董诰父子墓地。董邦达墓侧竖有御高碑，刻有颂功碑文，现石碑保存完好。董诰墓前有石案、石马等。

8. 董邦达董诰研究会。2017 年 10 月 29 日，富阳区董邦达董诰研究会成立。研究会的主要工作有三点：一是传承和发展历史文化，体现文化工作者担当；二是深入挖掘"二董"文化，树立富阳人文典范；三是务实推进二董研究，打造富阳文化新符号。

（二）精神要素

1. 好学上进、自立自强的奋发精神。董邦达出身卑微，父祖辈均是乡下农人，年轻时勤奋好学，以书吏身份进入官府。清人徐珂《清稗类钞》记载，董邦达年轻时以赶考学子身份进京，曾有一段传奇的经历：董氏初以优贡生滞留京师，寓居于武林会馆。其后因资费罄尽，所带衣物已悉数当没，仅靠刘姓老妪接济才得以应试，不料仍名落孙山。他羞愧难当，生无所依，险些自赴黄泉。而后一个偶然的机会，他凭借自己出色的书法功底，替官衙中的一名小吏代笔书牍，并因此受到某侍郎的器重，最终得以脱颖而出，进入衙门供职。《清史稿·董邦达传》记述，清雍正元年（1723），董邦达由贡生选拔入仕，后在尚书励廷仪推荐下，得以"在户部七品小京官上行走"。清雍正十一年（1733），董邦达经过不懈努力，终于考中进士，改任庶吉士，授编修之职，从此成为内廷文臣。

2. 慎勤尽职、廉洁自律的官德操行。二董虽可谓位极人臣，却未尝增置一亩之田、一椽之屋，在政务纷繁中始终保持慎勤尽职、廉洁自律的精神，维持为官一世、两袖清风的胸襟。清乾隆四十四年（1779），董诰进入军机处，走进了权力的中枢。清乾隆四十九年（1784），平定甘肃回民起义后，乾隆帝认为董诰"勤劳懋著"，给予议叙。议叙是清朝文官的行政奖励制度，董诰此后多次得到议叙的奖励。清乾隆五十二年（1787），董诰被加封为太子少保，升任户部尚书。

平定台湾后论功行赏，乾隆帝认为董诰等人"夙夜宣勤"，交部议叙，并将其列在二十功臣内，画像陈列于紫光阁，这是一项极大的荣誉。乾隆帝对功臣像的绘制工作十分重视，亲自指定画师，对官服的花纹、着色都有严格的规定。乾隆帝还亲写赞词："旧例军务，多用清文；兹或用汉，绿营海滨。治以马上，亦颇效勤。堪同福将，阁表书勋。"清乾隆五十七年（1792），平定廓尔喀后，董诰作为户部尚书负责粮草调拨以及凯旋后的清算事务，位列十五功臣内，画像再次入紫光阁，皇帝赞他"儒雅搢绅，本不识兵。枢机久参，习以尽诚。地官掌赋，度支是司。军储万里，调拨合宜"。董诰画像两度入紫光阁，可见其功劳之大，亦可见圣眷之隆。清嘉庆元年（1796），董诰任东阁大学士，总管礼部，兼管户部，是名副其实的朝中大员。清嘉庆二年（1797），董诰生母去世，皇帝特赏其用"陀罗经被"，并派遣御前侍卫额驸丰绅殷德带领侍卫前去祭奠。本来董诰应该丁忧三年，但因此时刑部尚书缺出，无人办理秋审，皇帝谕旨让其代理刑部尚书，处理秋审和军营之事。

3.博闻强识、平和谦逊的学识修养。董邦达以自身的文学才华受到皇帝的赏识和器重。在乾隆初期,他即开始活跃于宫廷和诸省各地。清乾隆六年(1741),董邦达出任京师顺天府乡试考官。清乾隆九年(1744),乾隆皇帝为鉴定和著录官内收贮的历代书画名迹、古董彝器,特命当朝大臣张照、梁诗正、励宗万、张若霭及董邦达等参与编撰《秘殿珠林》《石渠宝笈》《西清古鉴》等书,董氏又被召入内廷。翌年,董邦达等人编撰完成《秘殿珠林石渠宝笈》初编44卷,书中著录古代书画作品总计二千二百八十六件,其中历代法书四百六十件,历代名画一千二百六十一件,清朝臣工书画三百八十九件,圣祖、世祖皇帝书法一百七十六件,由此开创了清宫典藏著录之风。清乾隆十二年(1747),董邦达奉旨进入南书房,成为皇帝身边的亲信重臣,并被擢升为内阁大学士,地位日趋显耀。

4.孝悌敦善、与人为敬的淳朴品性。清嘉庆十八年(1813),北方发生了天理教之乱,一些天理教徒联络宫中太监冲进皇宫。当时的董诰跟随嘉庆帝到东陵祭祖,在回程途中突然接到关于此事的报告。有人建议等大军来后再回京城,但董诰认为此事仅为骚乱,待圣驾入京,那些造反之人肯定已被抓获。嘉庆帝听从了董诰的建议,一行人继续行进,人心平定。事后,嘉庆帝想全面镇压信教者,董诰认为,烧香祈福是百姓常有的行为,只有那些跟随谋反的人不可宽恕。由此足见其孝悌敦善、与人为敬的淳朴品性。

(三)语言和象征符号

1.《石渠宝笈》。中国书画著录书,共有三编,初编成书于清乾隆十年(1745),共四十四卷;二编成书于清乾隆五十八年(1793),共四十册;三编成书于清嘉庆二十一年(1816),共二十八函。书中收录的均为清朝宫廷所藏之书画作品。《石渠宝笈》经过初编、续编和三编,收录藏品计有

· 220 ·

数万件之多。其中著录的清廷内府所藏历代书画藏品，分书画卷、轴、册九类；每类又分为上下两等，真而精的为上等，记述详细，不佳或存有问题的为次等，记述甚简；再据其收藏之处，如乾清宫、养心殿、希堂、重华宫、御书房等，各自成编。一套现存北京故宫博物院图书馆，一套现存台北。

2.《秘殿珠林》。二十四卷，清张照等编，清乾隆九年（1744）内府朱格抄本。卷首有凡例、总目，各卷前有细目。8册1函。此为佛道书画著录书，著录清内府有关佛教、道教之书画藏品。分历代名人画（附印本绣锦缂丝之类）、臣工书画、石刻木刻经典、语录科仪及供奉经相等类。各类用阮孝绪《七录》之例，先佛后道，再循以往鉴赏之通例，先书后画，依次著录册、卷、轴等。所著录的书画分上、次二等。上等系真迹且笔墨至佳者，详载其纸卷、尺寸、跋语藏印等；次等系真迹而神韵较逊或笔墨颇佳而未能确辨其真伪者，仅载款识及题跋人名。以往《宣和画谱》等书亦收录释道内容，但专以释道书画别立一书者，此书为首例。乾隆皇帝特命当朝大臣张照、梁诗正、励宗万、张若霭及董邦达等参与编撰。

3.《西清古鉴》。四十卷，附《钱录》十六卷。是一部著录清代宫廷所藏古代青铜器的大型谱录。收商周至唐代铜器1529件（包括铜镜），而以商周彝器为多。清梁诗正等奉敕纂修，清乾隆十四年（1749）始纂，清乾隆二十年（1755）完书。清乾隆二十年武英殿刻本。板框29.5厘米×22.6厘米。半页10行，行18字，白口，单鱼尾，四周双栏，无行格。磁青书衣，黄绫书签、包角。书前有乾隆十四年

十一月初七日上谕一道、纂修《西清古鉴》诸臣职名，分别为梁诗正、蒋溥等编修，陈孝泳、杨瑞莲摹篆，画院供奉梁观、丁观鹤等绘图，励宗万等缮书。42册，4函。由张照、梁诗正、励宗万、张若霭及董邦达等参与编撰。

二、核心基因提取与评价

基于对材料的全面、深入分析，得出本文化元素的核心基因："好学上进、自立自强的奋发精神""慎勤尽职、廉洁自律的官德操行""博闻强识、平和谦逊的学识修养""孝悌敦善、与人为敬的淳朴品性"。

二董文化核心文化基因评价依据

评价项目	评价因子	评价依据（特点）	是否
生命力评价	文化基因存续的时间	自出现起延续至今，未曾明显中断	√
		自出现起延续至今，但多次衰微、中断后复兴	
		曾明显衰败，改革开放后开始复兴或历史溯源关键环节缺失，难以考证	
		文化形态主体已灭失，现存部分痕迹	
	文化基因的稳定性	在发展过程中保持相当稳定的状态	√
		在发展过程中存在明显的精神内涵、表现形式剧变	
凝聚力评价	文化基因的凝聚力及社会动员效果	曾广泛凝聚起区域群体的力量，显著推动过社会经济文化的发展	
		曾部分凝聚起区域群体力量，对社会经济文化的发展产生过影响	√
		凝聚过力量，创造过实际的发展动能，但未见对社会经济文化发展产生显著改变	
		仅在历史文献或口耳相传中存在，未见实际介入社会经济发展	

续表

评价项目	评价因子	评价依据（特点）	是否
影响力评价	辐射的范围	具有全国性、世界性的影响力	√
		具有长三角区域、浙江省影响力	
		具有市县、乡镇影响力	
	提炼的高度	已经被古代文人士大夫和当代学者提炼为精神符号和理念理论	√
		单纯的样式、造型、工艺技术规范	
发展力评价	与当代精神追求和价值观念的契合	传统文化基因得到创造性转化、创新性发展；区域革命文化基因被完整继承、广泛弘扬；区域社会主义先进文化基因成为与浙江"三个地"相适应的文化高地	√
		部分转化、部分弘扬、部分发展	
		难以转化、难以弘扬、难以发展	

说明：基因特点评价是对解码出来的基因，根据本《导则》表2的要求，围绕"四个力"逐一对表打"√"，进行定性表述

（一）生命力评价

董邦达和董诰父子生活在清中期，距今已有三百多年，但其父子好学上进、自立自强的奋发精神，慎勤尽职、廉洁自律的官德操行，博闻强识、平和谦逊的学识修养，孝悌敦善、与人为敬的淳朴品性却传承了下来，富阳为他们修建了二董纪念馆，围绕勤政清廉主线，展示"二董"的生平事迹、艺术成就、故乡情缘、传说故事以及家风传承。同时还有董公祠。在内部陈设讲述"二董"清正廉洁、艺文大家、道德风范等三个主题。由此可见其核心基因延续至今，未曾明显中断，在发展过程中保持相当稳定的状态。

（二）凝聚力评价

董邦达、董诰父子都是不畏艰险，一生力学，通过科举考

试进入仕途，又凭借勤政、清廉而长立朝堂，官德高尚，口碑良好，载入史册的人物。他们的经历和故事，对普通百姓来说是人生发展的一种指引和勉励。其好学上进、自立自强的奋发精神，慎勤尽职、廉洁自律的官德操行，博闻强识、平和谦逊的学识修养，孝悌敦善、与人为敬的淳朴品性具有极强的凝聚力和说服力。

（三）影响力评价

"二董"是富阳历史上职务官阶最高、艺术成就最大、官德声誉最佳的历史名人。大量的"二董"传说故事在这方土地上流传，历经数百年不衰，反映出故乡人民对董氏父子的敬仰和思念之情。其好学上进、自立自强的奋发精神，慎勤尽职、廉洁自律的官德操行，博闻强识、平和谦逊的学识修养，孝悌敦善、与人为敬的淳朴品性深深地影响着富阳人民。其廉洁思想已被学者提炼为精神符号和理念理论，影响力巨大。

（四）发展力评价

二董文化的核心基因，与当代精神和价值观相契合，应当继承和发扬，尤其是廉洁自律的思想作为一笔宝贵的精神财富，帮助人们抵制现实社会中的种种诱惑，增强人们的道德素养，帮助人们在工作和生活中树立正确的人生观、价值观，实现人们的自我完善。廉洁思想的宣传和借鉴有助于加强官德建设，促进官员的廉洁执政。任何时代、任何国家只要有腐败存在，反腐思想、廉洁思想就会发挥其特定的历史作用。廉洁思想强调道德自律，强调个体的反省内求、廉洁正己，为官员从政确立了基本的行为准则，有利于加强党政官员的官德建设，提高其拒腐防变的意识和能力，使广大党员干部在廉洁清正的氛围里做到自省自励、勤政律己。其基因的发展力强大。

三、核心基因保存

"好学上进、自立自强的奋发精神""慎勤尽职、廉洁自律的官德操行""博闻强识、平和谦逊的学识修养""孝悌敦善、与人为敬的淳朴品性"作为二董文化的核心基因,文字资料《清史稿·董邦达传》《清史稿·董诰传》等保存于富阳区文化基因解码资料库,另外,出版物和古文古籍有《清稗类钞》,实物资料保存在二董纪念馆和董公祠中。

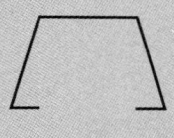

富阳蚕桑丝织文化

富春精粹 富阳文化基因

富阳蚕桑丝织文化

富阳一带桑蚕业颇盛,早在三国时就是当地主要农业之一。南宋时,富阳地区已成为杭嘉湖盛产蚕丝的重镇。富阳桑树是本地独有的树种,养蚕优良;至清代,富阳的蚕桑业影响辐射湖广地区。

20世纪80年代出版的《富阳风貌》刊载了一个故事:在几十年前的湖北襄阳,每逢清明蚕农都要祭请蚕神。这位蚕神一身清朝官员打扮,他就是富阳人周凯。清乾隆年间,周凯出生于现今富阳城区的宜家弄,进士及第,为官清廉。清嘉庆年间,他赴任襄阳知府,看到当地农民十分贫困,就派人回家采购桑树,又从家乡富阳请了有蚕桑经验的农民向当地传授技艺。

后来，周凯还写下了《种桑说》三篇，劝当地农民种植蚕桑，增加收入。后来襄阳一带蚕桑发达，丝绸作坊星罗棋布。清光绪《富阳县志》载："富春虽濒江，民不以鱼盐为业，男力耕女勤蚕织。"

在千百年蚕桑生产实践中，富阳蚕农们积累了丰富的蚕桑知识与经验。他们言传身授，代代相传，形成了包括留种、浴种、暖种、"补三春"和"补三潮"、捉眠头、落地铺、上簇等工序的蚕桑技艺。同时，悠久的蚕桑产业历史赋予了当地丰富多彩的蚕桑习俗，如蚕花娘娘信仰、养蚕禁忌、蚕猫等。时至今日，随着科学知识的普及和时代的进步，"蚕禁忌"的约束力逐渐减弱。

作为蚕桑养殖的下游产业，缫丝工艺在富阳也曾一度繁荣。在实际生产实践中，蚕农收下茧子后要进行销售、烘干处理或直接进行缫丝。蚕农家中往往没有大规模烘茧的设备，故一般采用日晒、炭盆烘烤等方式对鲜茧进行杀蛹处理，防止出蛾。缫丝可以直接使用鲜茧，也可以使用烘干后的茧子。缫丝的常见工具包括灶台、火炉、缫丝车、丝竹掌等。手工缫的丝，俗称"土丝"，丝线粗细不是很匀，色泽也比较黯淡，根据粗细不同又有肥丝和细丝之分。蚕农在选茧时剔除的次茧，不宜缫丝，便拿来剥丝绵，可以用来制作一些丝绵衣物用品。富阳民间素有土法缫丝传统，手工缫丝技艺土法现已列入富阳区区级非遗名录。

一、要素分解

（一）物质要素

古朴的手工缫丝工具。手工缫丝使用的工具主要有灶台、火炉、缫丝车、桶、丝竹掌。丝竹掌是一种长方形竹片，一端劈成细细的竹丝，另一端有一个供手握的长柄，便于操作。缫丝车主要由搭架、脚踏板、螺环和转轮组成。

（二）精神要素

不畏艰辛、勤勉执着的养蚕人精神。养蚕缫丝工作极为辛苦。蚕极为娇贵，要及时喂养，还要保证桑叶的质量，否则稍有不慎就容易死亡。养蚕人在养蚕环境卫生、温度湿度控制、桑叶供应等各个阶段都必须一丝不苟，方能保证蚕的健康成长。

（三）制度要素

1. 成熟精湛的养蚕技术。在育蚕的生产实践中，蚕农们积累了不少经验和知识。这些知识与经验言传身授，代代相传，贯穿于育蚕的各个环节。其中包括：

留种。旧时蚕农多采用土法育种。所谓的土法育种指使用上年自家所收的蚕子孵化蚕种，俗称"秋子春焐"。

浴种暖种。土法育种时，一般要先"浴种"，将种纸在盐水中浸泡一下，随即晾干，包在绵纸里。由蚕娘焐在胸口，用体温帮助蚕种孵化。

"补三春"。即为蚕室增温。蚕在一眠、二眠阶段，蚕室温度一般都应维持在 26.7℃左右。通过增温、增湿等措施使得蚕室内的温度、湿度保持在一个有利于幼蚕生长的标准上。蚕能够进入三眠期，那么将来结茧会比较顺利，蚕茧质量也比较好。

捉眠头。蚕二眠期之后，再过三四天（称为三龄期），又一次进入休眠，此时蚕体渐大，有"捉眠头"的习俗。将眠头捉出来称一称，分别放入大蚕區。

落地铺。蚕三眠开桑之后，蚕农就撤去抬架、煤饼炉等，将蚕區直接置于地上，称为"落地铺"；同时打开蚕室的窗户，称为"大蚕开光"。依照当地"小蚕靠火，大蚕靠风"的俗语说法，保持蚕室内通风有利于蚕的生长。

上簇。俗称"上山"，即将熟蚕捉到蚕簇上去，让它吐丝结茧。当地习俗，一定要见了熟蚕，方可动手搭山棚。

加山火。上山后，在山棚底下架炭火盆，适当加温，加速结茧，俗称"擦火""灼火"。一般经过两昼夜以后，看不见蚕体了，蚕农就可以撤去炭盆。

2. 蚕花娘娘信仰习俗。和杭嘉湖地区蚕桑业发达的地区一样，富阳当地也广泛流传着蚕花娘娘传说。蚕花娘娘爱花，过年后蚕妇出门拜菩萨，沿途会采些野花作蚕花。清明时节去烧香敬蚕神的人，头上会戴一朵小花，称为蚕花。据传，有个苦命的姑娘，九岁死了父母，靠哥哥养大。嫂嫂进门后，对姑娘看不顺眼，要把她早早地许配出去。为不使哥哥为难，姑娘到东厢房独自居住。养蚕季节快到了，姑娘去烧香敬蚕神。她走累了就坐在石头上休息，想到嫂嫂的势利和自己一人生活的艰辛，不禁伤心地流下了眼泪。蚕花娘娘路过，见她可怜，将佩戴的花送给她，说是戴着会养好蚕的。这年，从没养过蚕的姑娘获得蚕茧大丰收。别人在问原因时，姑娘把蚕花娘娘送花的事说了。第二年，为得到蚕花娘娘的保佑，大家头上都戴一朵小花，这习俗就这样形成了。也有人说西施去吴国前，曾亲手给越国采桑姑娘分送蚕花，祝愿蚕桑丰收。蚕花，最初由蚕娘采一朵油菜花或别的野花来戴。后来，庙会上有人专门用彩纸或绢制作小花，设摊叫卖。

蚕花娘娘是蚕农供奉的蚕神，保佑养蚕人家风调雨顺，蚕宝宝健康平安。东洲街道黄公望村旧时的杨府庙曾是蚕花庙，里面有蚕花菩萨，也就是蚕花娘娘。蚕花菩萨下面可插两根杠，供抬用。每到正月和二月，别的村就敲锣打鼓、放鞭炮、烧元宝，来接蚕花菩萨。养蚕的人家也在桌子上放果品、香烛，接去后祭拜。常绿镇北坞村、长佳村则在正月十四炒年糕祭蚕神。常绿镇不少村在农历二月二用米粉做成蚕茧一样的米粿，烧纸元宝，点香烛，拜蚕太婆、蚕神，祈祷丰收。

洞桥镇上林村在行龙灯时，蚕妇会带一对蜡烛和龙队调换杨梅球作蚕花。有不少地方取龙须、杨梅球供在家中，说是能保佑蚕养得好。龙羊一带为养蚕顺利，妇女去寺庙烧香，取神台上还在燃烧的蜡烛，回家点在蚕室内，称蚕花蜡烛。

3. 神秘的"避蚕门"禁忌。富阳地区在漫长的养蚕历史中形成了多样而严格的养蚕禁忌。其中，最为典型的是"避蚕门"禁忌。据说，蚕宝宝忌见陌生人，见了会不眠，或者眠而不醒成僵蚕。因此，养蚕人家在养蚕期间会禁止他人进入。有时，甚至连邻居也不相往来，只在室外交谈。有的还贴有红纸，上写"蚕月免进"。

4. 风趣的迎猫逐鼠习俗。在富阳的蚕桑人家，有"养蚕之家以呼鼠为讳"的习俗。"腊月十二日，夜以果饵祀灶，育蚕者或肖茧丝之形。"民国后禁忌稍宽。清代富阳人周凯出任湖北襄阳知府时，撰《饲蚕十二咏》，有《迎猫》篇："元宵闹灯火，蚕娘作糜粥。将蚕先逐鼠，背人载拜祝。裹盐聘狸奴，加以笔一束。尔鼠虽有牙，不敢穿我屋。"蚕忌鼠，因而在蚕月，有迎猫逐鼠之习俗。

5. 寓意吉祥的蚕神祭祀饮食。茧圆是一种米粉做的圆子，最初被用于占卜蚕事和祭祀蚕神。宋代诗人杨万里曾作诗云："儿女炊玉作茧丝，中

233

置吉语默有祈。小儿祝身取官早，小女只求蚕事好。"可见，唐宋之际，江浙一带便流行用米粉做茧圆，将吉祥语塞入其中，用于占卜的"蚕卜"习俗。到了清代，茧圆则被广泛地用作祭祀蚕神时的供品。时至今日，在蚕区的一些地方，蚕农们已不再祭祀蚕神，也不做茧圆了，但流行起另一种新的饮食民俗——分"蚕花包子"。每当蚕农到镇上出售蚕茧时，当家人都会从镇上的点心店带回一些蚕花包子，分给家人、邻舍一起食用，分享蚕事丰收的喜悦。蚕花包子形状与一般的包子无异，面粉制成，分糖馅儿、肉馅儿两种。平时，点心店里的供应量并不大，到了收茧季节，则会大量供应。

6. 传统的烘茧技艺。蚕茧收摘后，一般采用日晒、炭盆烘烤等烘干方式进行保存。日晒法就是把鲜茧直接铺在地面上进行暴晒，在强烈的日光下，大约三四个小时就可以把蚕蛹杀死。这种方法简单易行，但容易受自然条件的制约。同时，长时间的日光曝晒也会破坏茧丝蛋白，导致日后丝条单薄、脆弱，光泽度欠佳。还有一种较为普遍的方法就是炭盆烘烤。操作时，将炭火置于火缸中，在缸上放一个炕具，将茧铺于炕面。烘烤时，需要不断翻动鲜茧，促使其中水分蒸发，杀死蚕蛹，便于蚕茧的干燥贮存。

7. 精湛的缫丝技艺。富阳地区缫丝技艺精湛。缫丝的第一步是选茧，蚕农们在采茧时会选取个头大、均匀，色泽白净的茧子作为缫丝的原料。那些发黄、开裂的茧子，以及茧质过粗、过厚的软茧都要被剔除。还有一种茧叫作同宫茧，就是两条或者几条蚕混同在一起结成了同一个茧，这样的茧，丝絮纷乱，也不宜缫丝。选好茧以后，将缫丝车搭在灶台旁边，同时准备2—3个桶状容器，用于存放蚕茧、蚕蛹等。缫丝开始，首先在灶上煮水，待到大锅内水从四周开始沸腾时，放下茧子。一般来说，一个螺环拉一根丝需要六七个茧子。茧子在沸水内膨胀以后，将丝竹掌横握于手中，伸入锅内不断抖动，此时丝竹上会慢慢缠绕起一团丝团，将其剔除，继续抖动丝竹掌剥丝，直至捻出一缕丝头。接着，缫丝人用手指将丝头挑入螺环内，同时踩动脚踏板，转动转轴，引缫上轴，一股丝便缚在转轮板上，随着转轮转动，不断拉长。缫丝时，需要不断向锅内添加茧子，同时将剥丝后剩下的蚕蛹挑出。一般来说，一车丝大约五斤重，需要十七八斤茧子。

（四）语言和象征符号

1.独特的蚕业语言禁忌。有一类蚕禁忌表现在语言上。蚕农们在日常生活中常常忌讳说某些字，而改用另外一个字来表达，相沿成习，成为当地人的俗语或习惯用语。如：忌"亮"，因为亮蚕是蚕病，所以"天亮了"要说成"天开眼了"。忌"僵"，因僵蚕也是一种蚕病，所以"姜"要说成"辣烘"，"僵蚕"要说成"冷蚕"，"酱油"要说成"颜色""罐头""鲜猛猛""咸酸"等（吴语中，"僵""姜""酱"同音）。忌"伸"，因蚕只有死了才伸直，故"笋"要说成"萝卜"或"钻天"。忌"虾"，吴语中"虾"与"浮肿"同义，即蚕的白肚病，也属忌讳之列，"虾"要说成"弯转"。忌"爬""逃""游"，蚕到处乱爬，不吃食，俗称"游蚕"，就说明蚕有病了，因此要忌讳。"爬"要说成"行"，"油"要说成"湿漉漉""下水过"（"游""油"同音），用作辟邪的桃枝要说成"掌头""涨头"（"桃""逃"同音）。忌"葱"，"葱"与"冲撞"的"冲"同音，要说成"香头""香火"。忌"拣"，"拣"音同"减少"的"减"，从蚕匾里拣出几条蚕来，要说成是"认"。忌"四"，"四""死"同音，所以蚕的"四眠"都要说成"大眠"。

语言的禁忌是原始信仰在后世的残存。古人相信语言的魔力，所以忌讳说出那些对自己不利的言语。随着时代的发展，蚕乡这些语言禁忌大多已逐渐失去了它的原始意义，当地人只是相沿成习，将其作为一种语言习惯保留至今。

2.生动有趣的蚕猫形象。蚕猫，并不是活生生的猫，而是一种彩绘的泥猫，这是杭嘉湖一带蚕农为了驱赶老鼠而世代传承的一种古老民俗。老鼠对蚕桑生产祸害颇大，它不仅吃、咬蚕种纸，而且还会咬蚕

茧。为了对付老鼠，这一带的蚕农很早就养起了猫。每年养蚕前，人们还要认真地打扫蚕室，并且仔仔细细地把老鼠洞都堵死。他们从猫吃老鼠的事实出发，以此类推，认为通过语言呼唤猫，或者塑造一个类似猫的形体也能够达到驱鼠的实际功效，于是便创造出一个虚拟的"猫"来驱赶老鼠。

二、核心基因提取与评价

基于对材料的全面、深入分析，得出本文化元素的核心基因："不畏艰辛、勤勉执着的养蚕人精神""成熟精湛的养蚕技术""生动有趣的蚕桑习俗""寓意吉祥的蚕神祭祀饮食""传统的烘茧、缫丝技艺""生动有趣的蚕猫形象"。

富阳蚕桑丝织文化核心文化基因评价依据

评价项目	评价因子	评价依据（特点）	是否
生命力评价	文化基因存续的时间	自出现起延续至今，未曾明显中断	
		自出现起延续至今，但多次衰微、中断后复兴	√
		曾明显衰败，改革开放后开始复兴或历史溯源关键环节缺失，难以考证	
		文化形态主体已灭失，现存部分痕迹	
	文化基因的稳定性	在发展过程中保持相当稳定的状态	√
		在发展过程中存在明显的精神内涵、表现形式剧变	
凝聚力评价	文化基因的凝聚力及社会动员效果	曾广泛凝聚起区域群体的力量，显著推动过社会经济文化的发展	√
		曾部分凝聚起区域群体力量，对社会经济文化的发展产生过影响	
		凝聚过力量，创造过实际的发展动能，但未见对社会经济文化发展产生显著改变	
		仅在历史文献或口耳相传中存在，未见实际介入社会经济发展	

续表

评价项目	评价因子	评价依据（特点）	是否
影响力评价	辐射的范围	具有全国性、世界性的影响力	
		具有长三角区域、浙江省影响力	√
		具有市县、乡镇影响力	
	提炼的高度	已经被古代文人士大夫和当代学者提炼为精神符号和理念理论	√
		单纯的样式、造型、工艺技术规范	
发展力评价	与当代精神追求和价值观念的契合	传统文化基因得到创造性转化、创新性发展；区域革命文化基因被完整继承、广泛弘扬；区域社会主义先进文化基因成为与浙江"三个地"相适应的文化高地	√
		部分转化、部分弘扬、部分发展	
		难以转化、难以弘扬、难以发展	

说明：基因特点评价是对解码出来的基因，根据本《导则》表2的要求，围绕"四个力"逐一对表打"√"，进行定性表述

（一）生命力评价

自古以来，富春（今富阳）一带桑蚕业颇盛，早在三国时就是当地主要农业之一，孕育了丰富的蚕桑文化，在民众生产生活中留下了丰富的文化印记。如今，通过蚕桑馆的展出，越来越多的人了解了富阳桑蚕的历史、文化。因此，这些核心基因随着富阳桑蚕文化的传播而得以延续发展。

（二）凝聚力评价

富阳一带桑蚕业颇盛，在南宋时已成为杭嘉湖盛产蚕丝的重镇，桑蚕业成为民众谋生的重要途径，推动了历史上富春的发展。在千百年蚕桑生产实践中，富阳蚕农们积累了丰富的蚕桑知识与经验，形成了当地丰富多彩的蚕桑习俗。

（三）影响力评价

富阳一带桑蚕业颇盛，早在三国时就是当地主要农业之一。南宋时，富阳地区已成为杭嘉湖盛产蚕丝的重镇。至清代，富阳的蚕桑业影响辐射湖广地区。20世纪80年代至90年代，富阳桑蚕业达到顶峰，不仅走在全国前列，而且闪耀于世界舞台。

（四）发展力评价

1991年，时任国务院总理李鹏在东洲出产的平面茧蚕丝纸上题词"彩绸飘千古，银丝绕五洲"。卓越的蚕丝产品、深厚的蚕桑文化底蕴、丰富多彩的蚕桑民俗，为富阳蚕桑元素的发展提供了文化沃土。

三、核心基因保存

"不畏艰辛、勤勉执着的养蚕人精神""成熟精湛的养蚕技术""生动有趣的蚕桑习俗""寓意吉祥的蚕神祭祀饮食""传统的烘茧、缫丝技艺""生动有趣的蚕猫形象"作为富阳蚕桑丝织文化的核心基因,《富阳市蚕桑生产可持续发展的途径与措施》等4项文字资料保存于富阳区文化基因解码调查组资料库,出版物和古籍古文有《富阳风貌》《种桑说》《富阳县志》等。《富阳蚕桑养殖》等14项图片资料保存于富阳区文化基因解码调查组资料库。养蚕工具等保存在富阳蚕桑展示馆。

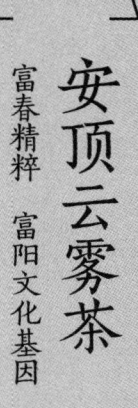

安顶云雾茶

富春精粹 富阳文化基因

安顶云雾茶

安顶云雾茶，俗称安顶茶、岩顶茶、岩顶茗毫，产于富春江南岸里山镇安顶山，该山属仙霞岭余脉，最高山峰海拔近800米，常年云雾缭绕，雨量充沛，日夜温差大，相对湿度高，土壤疏松肥沃，有机质含量丰富，其地理位置和气候环境非常适宜于茶树生长，是生产名茶的好地方。清光绪《富阳县志》记载，富春江南北高山产茶皆佳，而北不及南之美，其所称"南之美"就是指安顶山的安顶云雾茶。安顶云雾茶外形扁平光滑，色泽绿润，清香扑鼻，滋味鲜爽，汤色清澈明亮，叶底嫩匀成朵，栩栩如生。

一、要素分解

（一）物质要素

1. 得天独厚的气候土壤条件。安顶云雾茶产自富阳区里山镇的安顶山。安顶山，古名"庵顶山"，因山腰建有"大西庵"而得名。平均海拔 650 米，主峰逾 790 米。茶园四周被万竿秀竹和阔叶林所包围，负氧离子浓度高。春天山花烂漫，夏日云雾遮掩，深秋层林尽染，冬令白雪笼罩。茶树生长区常年云雾缭绕、雨量充沛，昼夜温差 15℃以上。产地土壤以黄泥土和乌沙土为主，有机质含量丰富，被茶农称为"夜潮地"，抗旱能力较强，土壤 pH 值 5.5 左右。洁净的土壤、清新的空气、清澈的雨水、云雾缭绕中漫射的阳光，使得茶树光合作用强烈，

积累有机物质多，利于茶树芳香物质的形成与积累，新茶芽嫩，富含清香。独特的区域小气候，造就了安顶云雾茶"晚来香"的独特品质。

2. 深厚的茶文化史韵。长期生活在安顶山的茶人们铭以古传："碧波东流富春江，云雾遮掩安顶山。当年朱皇曾登临，金口玉言云雾茶。"富阳史料记载有朱元璋与安顶云雾茶的故事。相传，元朝末年，朱元璋起兵造反，进攻杭州失利，遭元兵追杀，只身逃至安顶山上的大西庵。3个尼姑叫朱元璋藏身于庵后的茶树丛中。元兵走后，朱元璋惊魂稍定，尼姑捧自制山茶以待，朱元璋见杯中"茶烟袅绕，久久不散"，便问："何茶？"尼姑告知此茶产于山顶田鸡坪，仅有18蓬。朱元璋见这18蓬茶树在云雾笼罩之中，赞道："安顶云雾茶也。"18年后，朱元璋下旨将安顶云雾茶列为贡品，并特赐大西庵"三仙明王"金匾一块。

3. 齐备的生产工具和设备。安顶云雾茶生产一般应具备青叶摊放处理设备（如青叶烘干机或畚箕、竹匾、匾架、竹席等）、扁茶杀青整理机、辉锅机、筛子等。

（二）精神要素

1. "喜茶者福，爱茶者寿"的理念。爱茶者，以茶尝百味，以茶养修身，以茶可明志，以茶恪行道，水利万物，茶先苦后甜，所以知茶者福；一清、二幽、三甘、四柔、五浓、六烈、七逸，每一泡都有不同滋味，所以品茶者寿。这种理念在当地深入人心。喜爱茗茶，丰富慢生活内涵，让品茶品味品人生成为一种文化自觉。高山云雾出好茶，天地灵气聚精华，道尽古今人不倦，将至醉乡岂堪夸。

2. 精益求精的品质。富阳人对安顶云雾茶的加工可谓是精益求精。参与安顶云雾茶生产、加工的人员上岗前必须通过无公害茶相关知识、龙井茶加工工艺与原理、加工标准的培训，掌握龙井茶操作的基本要求和技能，熟悉龙井茶加工时各参数的变化。在加工茶叶时，操作人员需按规定穿工作服、戴工作帽、换工作鞋入内，非工作人员同样需按要求着装。从事安顶云雾茶加工和包装的人员，必须经过食品卫生相关知识的培训，了解食品质量安全法律法规。直接从事茶叶生产的人员应当身体健康，无传染性疾病，取得相应的健康证明方可上岗。

生产加工间内应光线充足、空气流通，应有防蝇（纱窗、纱门）、防鼠（挡鼠板高度不低于50厘米）、洗手、更衣等设施，生产过程中使用的生产设备应当合理放置，生产的电力线路应为暗线，并与所需动力配套；加工间内地面应硬实、平整光洁（至少应为水泥地面），墙面无污垢。加工和包装场地应进行不定期的清理、打扫，保持整洁，生产加工间、摊青间不得出现与生产无关的物品，茶叶仓库应清洁、干燥、无异味，不得堆放其他物品。原料、辅料、半成品和成品应分开放置，不得混放。鲜叶必须采自富阳区的无公害茶园，按核心区域和二、三级区域归类。安顶云雾茶核心区域主要是里山、渔山茶区；二级区域主要是除里山镇外的大源茶区；三级区域是除大源茶区以外的富阳区所有茶区或基地。

（三）制度要素

1.鲜叶采摘、炒制等11道制作工艺流程。安顶云雾茶制作技艺包括鲜叶采摘、鲜叶炒制、成品包装3个环节11道工序，流程如下：

采摘。安顶云雾茶的采摘时间一般在谷雨后、立夏前（即4月底至5月初），此时低温已过，气温已经回升，芽叶已正常生长；采摘标准一般掌握1芽2—3叶，以1芽2叶为主，采摘要求鲜、嫩、匀。采摘工具为茶篮（一种较大的竹篓），其通气散热性能较好，要求尽量避免揿压，以保持鲜叶的新鲜度，确保制茶质量，以当地的安顶云雾茶土种为主要采摘原料。

摊青。安顶云雾茶采下后应进行适当摊放，摊放工具使用篾簟、晒匾、孛篮等竹器工具，摊放厚度为2—6毫米，摊放时间视采摘当天温度、气压、鲜味嫩老度而定，一般为1—5小时。待摊放茶叶变软，手捏茶叶茶梗不顶手便可炒制。

杀青。杀青，又名炒青锅，即将摊放后的青叶在高温的陡锅（一种锅面斜，锅对面有一个斜坡，采用直径54—66毫米的铁锅，是当地的一种土单灶）中进行炒制。投叶量一般为

1—1.25千克，炒制时间一般为15—20分钟。炒制过程为：待锅温升，有1/3锅面微红（250—280℃）时，将摊放叶倒入锅中炒制，茶叶下锅时可听到明显的噼噼啪啪的密集爆声，而后手心向下，轻轻托牢茶叶，手急速沿锅壁向上抛起，茶叶抛炒出锅，但手不出锅（即不高于上口锅沿），一般抛至上口，锅沿以上50厘米左右，茶叶水分含量高抛得高，反之就抛得低；茶叶在炒制过程中，可进行换手炒；待茶叶开始萎软，锅温缓缓下降，至茶叶折梗不断即可起锅。该茶的杀青手法与泰顺的"扬抖杀青"、嵊州泉岗的"闷杀青"齐名，三者并称为浙江绿茶杀青三大手法。

揉捻。将杀青叶放在茶竹匾上进行人工揉捻。一般高档茶双手揉，中档茶单手来回揉，低档茶用脚揉（双脚揉或滚袋）。揉捻的手法有揉、搓、拉、推、抖。一般高档茶采取温揉（40—50℃），中低档茶采取热揉，边揉边抖，散除热气，待茶叶揉成条状，茶汁外溢，色泽青绿，茶香外露即成。

落撞锅。落撞锅，又名重锅，即将揉捻叶再进陡锅（与杀青是同锅）炒制。投叶量一般为3锅青锅并1锅重锅。锅温较杀青结束时略低，炒制过程为：将已抖散的揉捻叶用团簸收拢后抛入陡锅，锅温一般控制在170—230℃之间，入锅锅温为230℃，随着茶汁减少，锅温逐步下降，入锅后先两手手心相对捧住茶叶转手心向上将茶叶沿锅壁和灶壁托起茶叶向上抛炒，茶叶抛至离锅上口40—50厘米，并随茶叶表面茶汁减少逐步将抛炒高度降低，茶叶一次次从锅底向上抛起又一次次回到锅底，炒至茶叶表面茶汁减少到不粘手转单手炒。单手炒做法为：手轻托茶叶沿锅壁向上抛炒，抛炒高度约离锅上口50厘米，随炒随换手，待茶叶在锅中炒到"沙沙"响时（约八成干）起锅。重锅历时25—30分钟。

分筛。将重锅后的茶叶用大筛（专业筛）进行分筛，约筛出1/10的底段茶叶，筛面茶叶进行辉锅，筛底茶叶待当日炒至结束时一起辉。

辉锅。将已过筛的重锅茶再进陡锅进行辉锅。辉锅锅温控制在100—130℃之间，辉锅投叶量为6.0—6.5千克。炒制过程为茶叶进陡锅后，手在茶叶两边，手心向下，手抓部分茶叶沿锅壁向下，到底后用四指指背、手背把茶叶向上推,茶叶从中间上至锅上口,并向两边自然落下,反复进行,炒20—30分钟后手背向上,手心向下,充分利用指尖向下挤压,炒至形如眉毛、茶叶绿润起霜、出香后起锅。总辉锅时长为40—50分钟。

撩头。撩头,又称打犟头,即用粗筛过筛,将部分筛面的粗大犟头茶进行做手。具体做法:把大部分够规格的茶叶通过筛网,把部分粗大的犟头茶留在筛面,用双手捧住茶叶,用力将粗大的茶叶做小,如此反复,确保这些茶叶大小基本一致。

割末和簸茶。割末是指用割末筛将干茶的茶末筛去,簸茶是指将已过筛的干茶用团簸簸去茶片。

包装。待销安顶茶分级后,包装规格分为0.25千克、0.5千克,内用两层元书纸、外用一层牛皮纸,用灯丝草捆扎成方包形,打盖安顶山云雾茶印章。

2.以茶待客赠友的礼俗。饮茶在富阳,不仅是一种生活习惯,也是一种源远流长的文化传统。富阳人习惯以茶待客,把茶作为走亲访友的礼品。这是民间的一种礼俗。

(四)语言和象征符号

茶之十德。唐末刘贞亮提出茶有"十德",分别是:以茶散闷气;以茶驱腥气;以茶养生气;以茶除疠气;以茶利礼仁;以茶表敬意;以茶尝滋味;以茶养身体;以茶可雅心;以茶可行道。由此看来,茶之"十德"其实是指茶之"十用",即茶的十种益处或功效。茶的作用非常多,根据其"十德",我们可归纳为茶有如下用途,即雅致、养生、养气、除病、行道、利礼仁、表敬、赏味、养身、散郁结。

雅致。无论是冲泡之后茶叶的舒展形态,还是别具一格的清幽香气,抑或是极富深意的茶韵以及品茶时的环境特点,都包含了"雅致"二字。焚一炷香,听一段舒缓的古筝曲,捧起茶盏,与友人轻声慢语地闲谈几句,相信这幅画面必定极其雅致。

养生。茶具有养生作用,例如提神醒脑、消脂减肥、利尿通便、保护牙齿、消炎杀菌、美容护肤、清心明目、消渴解暑、解烟醒酒、暖胃护肝等。

养气。养气主要是指保养人的元气。人们还可以根据自己的喜好，用红枣、桂圆等滋补类的食材制成香浓的滋补花草茶，既起到养气的作用，又能将其作为营养的饮品，实在是一举多得。

除病。多种实验和数据表明，茶还具有抑制心脑血管疾病、防癌抗癌等作用。

行道。在日本，茶有茶道，花有花道，香有香道，剑有剑道，而中国不同。中国人不轻易言道，在所有饮食、玩乐等活动中能升华为"道"的只有茶道。

利礼仁。我国自来讲究"礼""仁"二字。以礼待客，以礼待人，是我们从茶中得到的启示。茶德仁，自抽芽、展叶、采摘、揉捻、发酵、烘焙到成茶，要经历一个漫长而艰难的过程。这是一次苦难的洗礼，是对道德的升华，唯有仁人志士才能体会出茶的仁德，并生仁爱之心。

表敬。茶道就包含"敬"这个字，即尊敬。对待客人要尊敬，待亲人要尊敬，待朋友要尊敬。

赏味。饮茶时，自然可以品尝到茶汤的美味。通过各类不同茶叶的滋味，还可以体会其茶韵，获得极大的收获。

养身。茶中有很多滋养身体、强身健体的茶元素，这些物质可以起到养身的作用。因此，老年人很适合饮茶。

散郁结。散郁结即消除抑郁情绪。现在市场上有许多茶类产品都可以起到这种作用，例如保健茶、花草茶等等。冲泡之后，看着其艳丽的色泽，袅袅的香气，独特的味道，心中的郁结之情会减少许多。这些茶类中含有舒缓心情的茶元素，散郁的效果自然也很显著。

茶之十德，将喝茶与生活中的各类事联系在一起，使它看起来极其重要，使茶文化被更多人认可。

二、核心基因提取与评价

基于对材料的全面、深入分析,得出本文化元素的核心基因:"精益求精的品质""'喜茶者福,爱茶者寿'的理念""以茶待客赠友的礼俗""鲜叶采摘、炒制等11道制作工艺流程"。

安顶云雾茶核心文化基因评价依据

评价项目	评价因子	评价依据(特点)	是否
生命力评价	文化基因存续的时间	自出现起延续至今,未曾明显中断	√
		自出现起延续至今,但多次衰微、中断后复兴	
		曾明显衰败,改革开放后开始复兴或历史溯源关键环节缺失,难以考证	
		文化形态主体已灭失,现存部分痕迹	
	文化基因的稳定性	在发展过程中保持相当稳定的状态	√
		在发展过程中存在明显的精神内涵、表现形式剧变	
凝聚力评价	文化基因的凝聚力及社会动员效果	曾广泛凝聚起区域群体的力量,显著推动过社会经济文化的发展	
		曾部分凝聚起区域群体力量,对社会经济文化的发展产生过影响	√
		凝聚过力量,创造过实际的发展动能,但未见对社会经济文化发展产生显著改变	
		仅在历史文献或口耳相传中存在,未见实际介入社会经济发展	

续表

评价项目	评价因子	评价依据（特点）	是否
影响力评价	辐射的范围	具有全国性、世界性的影响力	
		具有长三角区域、浙江省影响力	√
		具有市县、乡镇影响力	
	提炼的高度	已经被古代文人士大夫和当代学者提炼为精神符号和理念理论	
		单纯的样式、造型、工艺技术规范	√
发展力评价	与当代精神追求和价值观念的契合	传统文化基因得到创造性转化、创新性发展；区域革命文化基因被完整继承、广泛弘扬；区域社会主义先进文化基因成为与浙江"三个地"相适应的文化高地	
		部分转化、部分弘扬、部分发展	√
		难以转化、难以弘扬、难以发展	

说明：基因特点评价是对解码出来的基因，根据本《导则》表2的要求，围绕"四个力"逐一对表打"√"，进行定性表述

（一）生命力评价

安顶云雾茶有近千年的生产历史，相传早在三国时期就被东吴帝孙皓列为"皇宴"之必备饮料而誉满江南，明朝时也成为贡品。其厚重的历史积淀，独特的培育和加工技艺，以及与之相关的民俗、传说，彰显了安顶山区人民的智慧和创造力，是我国古代茶文化的重要组成部分，具有强大的生命力。

（二）凝聚力评价

千百年来，安顶村人对种茶情有独钟，全村100多户人家，家家有茶园，村民70%以上的经济收入来自茶叶。安顶云雾茶曾是富春江南岸山区农民的主要经济来源。富阳区里山镇现有茶园面积超过340万平方米，年产优质安顶云雾茶85.3吨，年产值超5840万元，茶业已成为里山镇的支柱产业和重要收

入来源。在当地具有强大的凝聚力。

（三）影响力评价

明时安顶茶被列为贡品，一直延至清代，年年进贡。安顶茶种植规模也随之扩展到整个安顶山区，成为"十里茶香"之域。多年来，安顶人以安顶云雾茶为荣耀，精心栽培茶园，匠心制作安顶云雾茶，积极参与各类茶事活动，收获不少殊荣。中国杭州十大名茶评选赋予富阳安顶云雾茶的颁奖词为"云雾缭绕，雾锁茶香，立体气候，漫射阳光，长年沐浴在雾露中的安顶云雾茶，外形扁平，挺直光滑，绿润匀齐，汤色色泽绿翠而泛白光，香气清高鲜爽，略带兰花清香，味甘醇厚，叶底芽叶成朵，青翠明亮"。可谓"天赋此生云雾中，日长夜涵集品优。色香味形雅自溯，晚拙清茗数一流"。

（四）发展力评价

"绿水青山就是金山银山"，而安顶云雾茶镇的建设，正是富阳区实施乡村振兴的重点项目。利用别具一格的茶山、溪谷等多重元素，汇集安顶山天然美景区域，打造的安顶云雾茶镇正在建设之中。通过云雾茶镇的整体规划，提升安顶云雾品牌形象。结合安顶山区农家乐休闲游以及每年举办的安顶云雾茶茶文化节，可以进一步发展农村休闲农业旅游业，具有强大的发展力。

三、核心基因保存

"精益求精的品质""'喜茶者福,爱茶者寿'的理念""以茶待客赠友的礼俗""鲜叶采摘、炒制等11道制作工艺流程"作为安顶云雾茶的核心基因,文字资料《安顶云雾茶制作工艺》等保存于富阳区文化基因解码资料库,另外,出版物和古文古籍有《富阳县志·贡赋》。

朱三与刘二姐

富春精粹　富阳文化基因

朱三与刘二姐

民间长篇叙事诗《朱三与刘二姐》（简称《朱三》），讲述了苏州货郎朱三与屠场老板之女刘二姐自由恋爱，私奔野合，遭受迫害，双双殉情的悲剧故事。初刻于明崇祯十三年（1640）的《欢喜冤家》一书记载的这个动人的故事，曾广泛流传于杭州、湖州、上海等地，尤以富阳为甚。

富阳是我国闻名的"土纸之乡"。由于造纸各道工序的劳动强度大，动作单调而沉闷，纸农常唱《朱三》以解疲乏。因此，它的音韵节奏与劳动节拍相吻合，这就形成了七字成句、四句成节的格调。同时，歌手们根据不同工序，各自增减衬字和延缩唱腔，以适应、调整动作的节奏感。由此之故，富阳地区《朱三与刘二姐》的传唱形式与其他地区有所不同。后来，随着耘田、车水等农耕劳动场景减少和传统造纸业的衰落，《朱三与刘二姐》在民间的传唱活动也逐渐消失。

1980年，富阳县文化馆搜集民歌时，在场口镇发现了一位会唱此诗的老歌手张生坤，于是，当地开展了对《朱三与刘二姐》的搜集整理工作。1986年，县民协组织会员先后两次分赴富阳地区等18个乡镇进行专题采风，访问了259位老人，发现会唱《朱三与刘二姐》的民间老歌手37人，搜集到歌词3677行，有关传说7则。此后，又陆续搜集到歌词250余行，还到余杭县余杭镇等地考察流传区域、传唱背景及歌手情况。金志伟、孙希荣和周秉谦三位同志将搜集到的资料进行梳理，先后发表于《富春江》《民间文艺季刊》等刊物。

在搜集过程中，根据陆志尧、张生坤、裘坤荣等老歌手回忆，他们年轻时都喜欢唱，也喜欢听《朱三》。环山乡老歌手裘加培唱《朱三》出了名，人称"朱三阿培"。他说，《朱三》早在清同治年间（1862—1875）已在富阳农村传唱了。此外，当地还发现了多首关于《朱三与刘二姐》的民谣，如"十唱朱三九不同，若话反驳是烂怂""若话朱三唱得全，讨个老婆勿要铜钿""朱三唱唱真叫好，车水灌田勿吃力""做纸勿唱朱三歌，捞纸越捞越格苦；耕田勿唱朱三歌，种落秧苗勿发棵""若话朱三唱得全，年纪要轻十八岁；若话朱三唱得通，八十公公变孩童"。

2007年，《朱三与刘二姐》长篇叙事诗被列入第二批浙江省非物质文化遗产名录。诗歌传唱者钱如松、陆金元等人被评为浙江省非物质文化遗产项目代表性传承人。张关玉被评定为杭州市非物质文化遗产项目代表性传承人。

一、要素分解

（一）物质要素

1. 资本主义萌芽的历史环境。《朱三与刘二姐》具有鲜明的时代特征，反映了封建制度开始解体，资本主义幼芽开始萌发之时，广大城乡青年要求个性解放、追求婚姻自由的美好愿望和不屈的斗争的意愿，反封建意义民间文学的基本特征在这首长歌中都表现得非常突出。

2. 千年纸乡的地域环境。富阳是著名的千年纸乡，《朱三与刘二姐》的故事主要还是缘于土纸。当时运输土纸主要靠水路：富春江和大运河。与富阳接壤的余杭县葫芦桥，是富阳土纸经运河远销江苏、上海等地的起点，富阳民众经常成群结队肩挑土纸去余杭，富阳青年也常去余杭帮做土纸。于是，富阳小伙子和余杭姑娘的爱情瓜葛时有发生，从争吵发展到设路障阻止富阳人通行，到明代，激化到了打官司。这为长歌出世创造了条件。富阳人借用明朝弘治年间余杭刘二姐跟苏州朱三私奔的故事，编成歌谣，首先在纸农中流传。在长期传唱中，这首歌不断丰富，终于发展成为以朱三和刘二姐私下相爱，建立婚姻关系为主线的长篇民歌。

（二）精神要素

反对封建婚姻、追求个性解放的美好理想。《朱三与刘二姐》相传是富阳民众的集体创作。在历史上又随着土纸的贩卖，扩散到了浙北、苏南的广大地域，终于成为江南著名的叙事民歌。当年人们唱《朱三》解除疲劳，青年小伙子则把唱《朱三》作为向心爱的姑娘表达爱情的独特媒介。民间文学依靠口头传承，传唱时常常即兴发挥。这首歌逐步发展成为以朱三和刘二姐私下相爱，反对封建婚姻，追求个性解放，具有积极的反封建意义的悲剧性长篇民歌。

（三）制度要素

单线发展、曲折生动的情节安排。长诗以男女主人公的命运遭遇为线索，单线顺序发展，共分为"歌头"、"怀春"、"赠帕"、"定情"、"私奔"、"审堂"、"寻女"、"惊变"和"歌尾"九个部分，曲折生动。结尾处两股青烟交相环绕的情节，寄托了民众对这对情侣悲惨命运的无限同情，这不禁使我们联想到了著名的"梁山伯与祝英台"传说。

（四）语言和象征符号

1. 大段铺陈、重叠往复的句式结构。长诗的艺术创作十分成功，无论是人物性格的塑造还是故事情节的设置，都达到了相当的高度。诗中采用大段铺陈的手法，采用句式、节奏大体相近，内容稍有不同的句式或者段落，重叠往复，一唱三叹。比如"歌头"部分套用"说私情，唱私情"，引出四段唱词，暗示男女主人公的悲惨遭遇。又如"惊变"部分，刘二姐不幸身亡，朱三悲痛欲绝，连用六个"哭一声，喊一声，哭姐喊姐无回音"，将歌者的情感表现得淋漓尽致，产生强烈的艺术感染力。

2. 比喻、夸张等修辞手法。长诗中各种比喻、夸张信手拈来，浑然天成，充满着诗情画意，具有很高的艺术欣赏价值。比如"风吹荷叶莲心动，二姐摇步裙轻扬。荷花出水一身俏，犹如观音降余杭"，"通济桥边走一趟，风吹一阵花粉香。莲步轻移似摆柳，呆煞两旁小后生"，"送郎送到菜园中，十畦大蒜九畦葱。要像大蒜心地实，不学香葱肚里空"。比喻清新自然，长诗的艺术魅力可见一斑。

二、核心基因提取与评价

基于对材料的全面、深入分析,得出本文化元素的核心基因:"千年纸乡的地域环境""反对封建婚姻、追求个性解放的美好理想""单线发展、曲折生动的情节安排"。

朱三与刘二姐核心文化基因评价依据

评价项目	评价因子	评价依据(特点)	是否
生命力评价	文化基因存续的时间	自出现起延续至今,未曾明显中断	
		自出现起延续至今,但多次衰微、中断后复兴	√
		曾明显衰败,改革开放后开始复兴或历史溯源关键环节缺失,难以考证	
		文化形态主体已灭失,现存部分痕迹	
	文化基因的稳定性	在发展过程中保持相当稳定的状态	√
		在发展过程中存在明显的精神内涵、表现形式剧变	
凝聚力评价	文化基因的凝聚力及社会动员效果	曾广泛凝聚起区域群体的力量,显著推动过社会经济文化的发展	
		曾部分凝聚起区域群体力量,对社会经济文化的发展产生过影响	√
		凝聚过力量,创造过实际的发展动能,但未见社会经济文化发展产生显著改变	
		仅在历史文献或口耳相传中存在,未见实际介入社会经济发展	

续表

评价项目	评价因子	评价依据（特点）	是否
影响力评价	辐射的范围	具有全国性、世界性的影响力	
		具有长三角区域、浙江省影响力	√
		具有市县、乡镇影响力	
	提炼的高度	已经被古代文人士大夫和当代学者提炼为精神符号和理念理论	√
		单纯的样式、造型、工艺技术规范	
发展力评价	与当代精神追求和价值观念的契合	传统文化基因得到创造性转化、创新性发展；区域革命文化基因被完整继承、广泛弘扬；区域社会主义先进文化基因成为与浙江"三个地"相适应的文化高地	√
		部分转化、部分弘扬、部分发展	
		难以转化、难以弘扬、难以发展	

说明：基因特点评价是对解码出来的基因，根据本《导则》表2的要求，围绕"四个力"逐一对表打"√"，进行定性表述

（一）生命力评价

《朱三与刘二姐》长篇叙事诗在明朝时期已经出现，并且在资本主义萌芽、富阳纸业兴盛的大环境中得到了较好的传播、发展。虽然在近现代曾经一度衰落，但通过富阳地区文化馆工作人员的搜索、挖掘，诗作通过各类刊物、文艺活动重新在民间得到了传播。

（二）凝聚力评价

富阳是我国闻名的"土纸之乡"。由于造纸各道工序的劳动强度大，动作单调而沉闷，纸农常唱《朱三》以解疲乏。除了纸农，其他生产生活活动都以此歌来助力劳动、愉悦心灵，如"若话朱三唱得全，讨个老婆勿要铜钿""朱三唱唱真叫好，车水灌田勿吃力"等衍生的民谣歌曲的出现便证明了这一点。

（三）影响力评价

《朱三与刘二姐》起源于明代，广泛流传于杭州富阳、余杭，湖州长兴和上海松江等地，其中以杭州富阳为最盛。2007年，朱三与刘二姐长篇叙事诗被列入第二批浙江省非物质文化遗产名录，在杭州地区拥有一定的知名度。

（四）发展力评价

近年来，富阳有关方面十分重视《朱三与刘二姐》的采录和搜集整理。富阳民间文艺工作者协会先后召开三次会议，就长诗的搜集作了具体部署。到当年秋天，共搜集到歌词3667行，有关传说7则，发现民间歌手37人。此后，又陆续搜集到歌词250余行。同时，相关部门针对其独特性，做出了相应的保护措施：全面收集、记录、整理民间传唱的《朱三与刘二姐》叙事长歌及其他口头作品，收集、保护与《朱三与刘二姐》相关的文献、实物，建立《朱三与刘二姐》多媒体资料库；成立《朱三与刘二姐》研究保护机构，开展有关学术研究；保护健在的《朱三与刘二姐》传承人，并探索新的传承方式，培养长歌新的传承人，并组织举办全市"唱朱三"原生态演唱比赛，同时结合杭州市博物馆建设，设立"朱三与刘二姐"专题馆。

三、核心基因保存

"千年纸乡的地域环境""反对封建婚姻、追求个性解放的美好理想""单线发展、曲折生动的情节安排"作为朱三与刘二姐的核心基因,文字资料、出版物有上海《民间文艺季刊》1983年第4期、明代小说《欢喜冤家》、《中国歌谣集成·浙江卷》等。《朱三与刘二姐演出》等13项图片资料保存于富阳区文化基因解码调查组资料库。

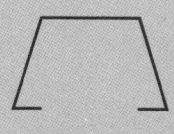

张氏正骨疗法

富春精粹　富阳文化基因

张氏正骨疗法

富阳张氏正骨疗法始于清道光年间。它起源于富阳区上图山村，成名于东梓关，发展壮大于富阳城。

张氏正骨疗法以手法整复、杉树皮夹板外固定、百草伤膏治疗为特色。自张永积（1788—1862）始创张氏中医骨伤科，距今已有一百七十余年历史。至第四代传人张绍富（1922—1992）、第五代传人张玉柱（1948—　），张氏正骨疗法逐步形成了以"整体辨证、手法整复、杉皮固定、内外兼治、筋骨并重、动静结合、功能锻炼"为特点的骨伤诊疗体系，正骨手法独特，中医药特色明显，大幅降低了治疗费用，社会效益显著。

2019年11月，中医正骨疗法被列入国家级非物质文化遗产代表性项目保护单位名单。

一、要素分解

(一) 物质要素

1.习武之风盛行，衍生民间医疗。浙江省杭州市富阳区上图山村是张氏正骨的起源地。该村位于富阳、桐庐两县交界的天子岗脚下，西侧与老山坞村相邻；翻山东去五里，与龙门古镇毗邻；南与白石硖村接壤；与白石硖村一溪之隔，便是当今桐庐第一大村——深澳村。上图山村是场口镇第二大人口集聚地，有600多户人家，约2000人。站在村口仰头望去，甑山雄踞南面，屠山环抱西北，山中古木参天，坡上庄稼满地，村落连绵不断，宛若世外桃源。十余里外富春江上的沙洲——东吴大帝孙权故里王洲瓜江村隐约可见。自古以来，这一带村民民风豪爽，村民习武之风盛行。东梓关离上图山仅5公里，自明洪武十九年（1386）设置巡检司，直至清亡，历朝不替。巡检司主要执掌训练甲兵、巡逻州邑、擒拿盗贼之事。旧时富阳地区常年设置的兵营，仅有东梓关巡检司处，一旦发生战事，力量太弱不足以成事。因此，民间以武举武生员为骨干训练，以补充兵力不足。查阅东梓关许姓家谱，发现族规规定一家若生两个儿子，必须一个学文、一个学武。可见当时富阳练武风气极盛。场口、龙门、环山、东图一带村民习武之风盛行，跌打损伤在所难免，因此民间粗通伤科者不在少数。当时各村之间山林、水源地边界错综复杂，大小纠纷此起彼伏，村落之间"打营阵"之势一触即发，动起手来一呼百应。械斗之后总不免伤者极多，医风也就盛行起来。当年的上图山村和周边几个村落相比，村民习武之风更甚，懂得三拳两脚者比比皆是，精壮拳师亦多。那些练拳弄枪使棒的人，手上都有一两张治跌打损伤的药方。宋代著名外科医生陈自明认为，伤科形成与"下甲人"有关。"下甲人"是指那些从事士兵、拳师、武僧等职业同时又懂医术的人群。他们既能舞刀弄枪，又能正骨疗伤，往来于民间与军营。这种医技靠师授家传，具有武功治伤救治与正骨特色，在医疗界别具一格。旧时正骨医生，多擅长武功，而擅长武功的又多能正骨。探究其中原因主要是两个：一是操练武功的人，平时容易受伤，时间久了，就熟悉救治方法；二是凡做正骨医生的，必须身强力壮，才能牵引错位，整复骨折，所以平素要多练习武功，只有让自己身强力壮才能胜任疗伤工作。两者互为因果，所以练功可以说是正骨医生的基础，是学医者必须做的功课。张氏骨伤早期几代传承人都是如此。追溯骨伤医学史，早期的武伤科集大成者，当属明朝异远真人。他经过多年的民间搜集，再结合自己的临床经验整理出《跌损妙方》一书，其后的众多伤科学家皆宗其说。清代赵廷海《救伤秘旨》中记载了拳击伤和骨折整治方药、《十二时气血流注歌》计六大穴的图说和救治方药。而张氏骨伤科以经络学说、子午流注为依据，按穴治伤、按穴位加减用药的治疗方法以及方药的行气活血化瘀，与异远真人一脉相承，当属异远真人、赵廷海一派的武伤科。

2. 地处山区，药材资源丰富。富阳素有"八山半水分半田"之称，桐庐县则为"八山一水一分田"。富春江横贯两县全境，整体地貌均以"两山夹江"为最大特征。这个地区各类草药应有尽有。相传黄帝时代在富春江畔的一座小山上，有一老翁结庐采药，广济百姓。有人问其名，他只是笑指桐树，因此被人称为桐君。他广知药性，著有《桐君采药录》等书，被后世尊为药祖。

3. 庞大的民间中医群体。当时以东梓关为核心，方圆十里，出现了二十多家中医世家。在上图山村最著名的有好几家。陈家的陈品华、陈品一兄弟俩医术高超,以治疗由天花病毒引起的传染性疾患者见长,远近百里名气极大。村中自开一家中药店铺"松鹤堂",外地开设分店,医道医风在远乡近邻中口碑极好。詹家七代郎中,医术医风代代相传,至詹云熹一代,对治疗伤寒已相当精熟,与后来居上的骨伤世家张家交往密切,相互传授、切磋医学技术,互助友爱。柴家擅长治疗眼科疾病。科班出身的柴云连以内科诊治独树一帜,与张家相互切磋,取长补短,多无保留。臧家则擅长儿科,其中有位医生是北京协和医科大学毕业的。张家治疗骨伤的独特医术闻名乡里。创始人张永积及其后代张士芳、张清高,一路行来,耕读传家,积德行善,尚武交友,谦虚好学,与左邻右舍和睦共处,有口皆碑。因为医家汇聚,所以各地前来求医者络绎不绝。新中国成立前后,每天住在上图山村求医者总有四五十人,村里有专为病人而开的客栈。医药之村不仅集聚大量病人,也为医生之间相互学习医术提供方便。

(二)精神要素

1. 医者仁心、悬壶济世的精神。张氏骨伤的第四代传人张绍富不仅医术精湛独到,而且医德高尚,深明大义。新中国成立之初,他毅然把祖传三代的张氏正骨的秘籍,包括所有的方剂与医技,完整地献给了国家。新中国成立初期,政府号召乡间郎中集中起来,更好地为病人服务。张氏正骨的第四代传人张绍富积极响应政府号召,于1954年9月,牵头成立了图山乡巡回医疗站,医疗站设在上图山村内一间约50平方米的房子里,共有医师5人,其中中医师3人,集体所有制,行政上隶属县卫生科。站里开设中医骨伤外科、中医内科、中草药加工室等,诊疗方法主要运用徒手接骨复位,百草膏外贴,中药内服等。充分体现了张氏医者仁心、悬壶济世的精神。

2. 勤学钻研、博采众长、大胆创新的精神。第二代传人张士芳常年习武健身,钻研祖传秘方,附近各村跌打损伤病人都上门求医。张氏骨伤正骨技术,在当地已小有名气。当年上图山村隔壁的桐庐县横溪村有一位著名的拳师周双成,曾追随少林武功高手"蚜虫婆"(捉虫拔牙的姑娘)三年,武艺精进,钻研医术,治病救人,方圆百里都知道他。周双成比张士芳年长11岁,两人成了很好的朋友,相互交流了不少拳法、医方。数年之间,张士芳不但拳术精湛,而且正骨疗伤技术也有了质的飞跃。张士芳勤学苦练,博览古医书,精心研读《仙授理伤续断秘方》《救伤秘旨跌损妙方》等骨伤科专著,对骨伤病人开始采用杉树皮小夹板正骨的实践。同时,他行走江湖,悬壶济世,广交朋友,切磋医术。张士芳虚心好学,请教各路好手,博采众长,逐步形成了属于张氏的医术和医道。张士芳的长子张清高从小就受到良好的教育,老师是方圆几十里闻名的内科中医师詹先生,不仅教授儒学精华,还传授不少医家论著。张清高酷爱读书,习武学医,上山采药,玩枪打猎,样样精湛。张清高文武双修,为乡间奇才。他急公好义,在处理乡间事务中颇有威信,再加上他整骨疗伤的高超医术,外地慕名前来求医问药、结朋交友、拜师学艺者络绎不绝。张清高在民间搜罗了许多行之有效的诊疗技术,他还改良了由张家祖传秘方精制而成的百草膏。百草膏,当地老百姓称它大膏药,最早是用百余种中草药熬制而成,传到张清高手上,他增减了一些草药,调整了一些配方,使膏药疗效更好、更久了。

(三)制度要素

1. 严格的医德传承。在张清高这一代,张氏骨伤已经形成了自己的行医规矩:同行相敬,步行出诊,免费看病,食宿相赠,一视同仁。一是同行相敬。有同行的村,他不出诊。同行们都在为生计而行医,相互之间要讲究行规,不能只顾自己而有损别人。二是步行出诊。出诊都步行,不可以让病人家属来抬。有的病人不能上门就医,有些同行让病人家属用兜子、轿子来抬着去出诊。张清高认为家有病人本身已经很艰难,再要求他们来抬着自己去出诊,这从道义上说不过去。三是免费看病。同村的不收钱,湖源山里人不收钱,困难人家不收钱,其他的"郎中包"随送,不论多少。四是食宿相赠。十里以外的病人要供饭且不收膳宿费。这是张清高善待病人的一个旁证。不仅供饭,路更远的,不能当日回家的，还要提供住宿，以至到张绍富这代的时候，经常粮票脱节，买"黑市粮"成了常有的事。五是一视同仁。对病人只看病，不问其贫富贵贱。病人是不分高低贵贱、贫富尊卑的。在张清高眼里，不管是穷人还是富人，生病了就是一种痛苦。张氏骨伤的这几条祖训，与孙思邈《大医精诚》追求的文化核心价值不谋而合。《大医精诚》有"勿避险巇、昼夜、寒暑、饥渴、疲劳，一心赴救，无作功夫形迹之心"，又有"凡大医治病，必当安神定志，无欲无求，先发大慈恻隐之心……华夷愚智，普同一等，皆如至亲之想"，还有"夫为医之法，不得多语调笑，谈谑喧哗，道说是非，议论人物，炫耀声名，訾毁诸医"……张氏先祖从医家诚心救人的理念出发，在救人急难的实践中，展示出人文关爱。

2.家族传承、师徒传承的传承方式。富阳张氏正骨，从民间医术实现了向现代医学进军的奇迹般跨越，成为与河南洛阳、广东佛山、山东文登齐名的我国重要骨伤疗法流派之一。这期间经过了六代人不懈奋斗，在奋斗的过程中，他们精湛的医术和高尚的医德实现了完美的结合。家族传承、师徒传承是中医尤其是民间祖传医术的传统传承方式。张氏正骨历代主要代表性传承人有：创始人张永积（1788—1862），道光年间开始从医；第二代传人张士芳（1855—1924），又称张郎生、张兰生；第三代传人张清高（1889—1952），又称张阿毛；第四代传人张绍富（1922—1992）；第五代除代表性传承人张玉柱（1948—　）之外，还有张玉柱的三弟张玉明和四弟张玉良等。共计36人。

（四）语言和象征符号

1.独特的正骨诊疗经验。

①诊伤特色：重全身、察局部、详查病情。擅用"望、问、摸、比、切"五种诊法。首重望诊，一望全身，二望局部。望全身首先注意观察神色神态，根据神色形态可判定伤情的轻重，判断疾病的预后转归。根据伤者特有姿势，可判断损伤部位和性质（属骨折或脱位），如闪腰、指骨骨折、老年股骨颈骨折。望局部则可根据肿痛的部位、性质判断损伤的类型是属骨折、脱位或是伤筋，如桡骨远端骨折、

肘脱、肩脱等特有的畸形。同时运用问诊了解受伤的时间、暴力作用的部位和性质、损伤的严重程度，了解既往身体状况，有利于病情和预后的判断。一般单纯骨折轻症及陈旧骨折，神色多接近正常；表情痛苦，神色萎颓，多为重症；形容憔悴、面色萎靡少华或苍白，多为久病缠身。在临床诊疗中，注重"摸"诊，摸压痛、摸畸形、摸肤温、摸异常活动，摸弹性固定。用手的拇、食、中三指由远而近触摸骨折脱位的部位，了解骨折及脱位的方向，以"知其体相""手摸心会"而利于整复，在摸诊难辨别的情况下，张老常用"对比"，通过伤肢与健侧肢体的肤色、体相、肿胀、压痛以及肢体长度的摸认对比，可查明某些轻微的裂折，尤其多用于儿童青枝骨折的诊疗。摸诊必须注意平时多练习摸认正常的肌肉骨骼，才能达到"知其体相，手摸心会"的境界。至于切诊，张老结合寸口之脉以判伤情之顺逆，定疾病之转归。切患肢远端之脉，则可以判断有无血管损伤。

②手法特色：重手法，求灵巧，以巧胜拙。在临床上十分推崇前贤所云："盖正骨者，须心明手巧，既知其病情，复善用夫手法，然后治自多效。"认为"手法者，诚正骨之首务哉"，在继承前贤正骨八法的基础上，针对目前临床上创伤骨折复杂多变的特征，融汇了百家手法的精粹，创立了独特的张氏正骨术。

手摸心会：又称摸诊手法，贯穿于伤骨科的临床检查和诊疗的全过程。由于人体各部骨骼的解剖形态各有特征，损伤后其正常结构在暴力作用下遭到破坏，正常的解剖形态出现异常，包括肿、畸、障、骨干力消失、异动、骨擦等临床特征，因此医者须先熟悉正常的解剖特征，临床检查和操作时通过手摸心会，了解伤处肿、畸、骨干力的异常，在不增加痛苦的情况下，了解异动和骨擦。通过触摸，明确局部异常情况，结合线片，形成立体多维形象，在正骨过程中，了解骨折的动态变化和复位的效果。

拔伸牵引："欲合先离，离而复合"，沿伤肢轴向牵引，使恢复生理轴线和长度，对抗牵引，克服缩力拔伸牵引，要求顺势，按复位要求用适宜的力，做到用力恰当、适度，以利施行其他手法。部分病人在固定后仍需牵引。

前后提按：在牵引后用提按手法

纠正前后移位，用手指或双手达到"突者复平、陷者复起"的效果。

屈伸展收：用于关节内骨折或邻近关节的骨折多方位移位的整复，在用上述方法的同时，配合此法作远侧关节的被动屈伸展收活动，利用肌肉、韧带的松紧铰链作用或牵拉作用，使牵拉而致骨折复位或使骨折端接触稳定，如肱骨外科颈、肱骨髁上、肱骨外髁、胫骨平台、腕踝部骨折脱位等。对关节内骨折是按暴力的反方向屈伸展收关节，利用肌肉的起止对骨折的牵拉配合推挤、环抱等法使复位如外髁骨折。

挤夹分骨：用于双骨折恢复骨间距，配合其他手法使骨折复位，操作时术者双手拇指及余四指分别置于骨折的掌背侧双骨间，用力分开，恢复骨间距。

环抱扣挤：用于粉碎骨折的碎片分离移位。用双手掌对合环抱挤扣使碎片靠拢，如髁间、平台、跟骨骨折。亦用于纠正侧方移位，用手指或双手按骨折移位的相反方向推挤骨折端，纠正骨折移位。

成角反折：用于横断骨折重叠明显，在侧方纠正后，加大成角然后反折，利用骨皮质的指触点及拇指的顶压作杠杆力的支点，使骨折复位，但要注意防止伤及血管、神经。

回旋反绕：用于斜形骨折背靠背移位，术者把握骨折端在轻牵引下，感觉骨折远端的活动方向，此常为骨折的原始通道，即回旋的途径。

摇摆触碰：纠正残存移位以及避免分离，判断复位情况。

纵向扣击：用于分离的骨折及横断骨折使稳定。张老认为复位的关键是"知其体相"，方能"机触于外，巧生于内，手随心转，法从手出"。复位时强调逆创伤机制，顺骨折通道整复。必须做到稳、准、轻、巧，强调用巧力而忌用蛮力。必须找准作用力的支点，多个手法熟练地连续运用，做到"法之所施，使患者不知其苦，方称为手法也"。在脱位的整复中，尤其强调用巧力、持续力而反对用暴发力。他创用的环抱推捺法整复肘关节脱位，膝顶展收法整复肩关节脱位，操作均十分简便，为手法上乘之作。

③固定特色：超关节、小夹板、固定灵便。固定是骨折治疗的重要一环，只有得到确切的固定，才能创造一个有利于骨折愈合的相对静止的环

境，防止骨折的再移位。固定的材料常用易塑形、有一定韧性和弹性的杉树皮小夹板，强调因形选材，要求用顺直无节、不脆不蛀的杉树皮，根据损伤部位制作夹板并加以塑形。临床上在骨折复位后，局部敷贴药膏，初期用金黄散软膏，中后期外敷百草膏，然后包绕桃花纸衬里，加棉垫后放置超一个关节的杉树皮夹板，再分别以胶布、绷带自上而下螺旋形固定加固，固定后须注意夹板的松紧度及肢端血液循环。由于杉树皮小夹板质轻，性韧有弹性，局部加垫以防止并纠正骨折的移位。主张固定靠近骨折端的一个关节以防由患肢活动而产生的移位。固定以"一松一紧"为原则。初期宜松不宜紧，以防局部肿胀过甚，固定过紧而致肢体血运障碍而发生坏死，中期宜紧不宜松，并于局部加棉垫，逼迫断端以纠正和防止移位。后期松紧要适宜，以利气血运行和骨痂生长。骨折固定完毕后，主张适时适度的指导患者进行功能锻炼，以利肿胀的消退，促进骨折的愈合，每周复查换绷一次，中后期可适度延长。直至骨折愈合，解除外固定。

④用药特色：审部位、辨虚实、注重胃气。重视骨伤疾病的内治，推崇"治伤专从血论"，擅用破血、活血、和血、养血诸法。同时认为"病来如山倒，病去如抽丝"，伤科病人的病程缠绵，用药时间长，《景岳全书》云："凡欲治病者，必须当看胃气，胃气无损，诸可无虑。"脾胃为水谷之海，气血化生之源，胃为阳明，胃气血易受克伐损伤。因此用药时须注意勿使克伐伤正，耗伤气血，注意保护脾胃，以免受损而影响气血生化之源。在辨证非手术治疗施治上继承了家传的按部位辨证非手术治疗体系，结合患者的全身情况，遣药组方常反复推敲，用药平和，疗效神奇。在外伤性截瘫的辨证非手术治疗上，认为外伤性截瘫的病机为暴力作用，督脉损伤，瘀血痹阻经脉，气血运行不畅，更兼日久肝肾亏虚，以致筋脉失养，肢体萎废不用。创用豨莶狗脊仙灵脾汤治疗本病，以豨莶草、仙灵脾、狗脊、地龙、山药、鸡血藤、续断、牛膝、当归、全蝎或海马为主药，初期去山药、全蝎、鸡血藤，加桃仁、红花、赤芍；高位截瘫加泽兰、藁本、穿山甲；疼痛加延胡索，抽搐加钩藤、老蝉；小便失禁者加益智仁、蟋蟀、海金沙、小茴香；

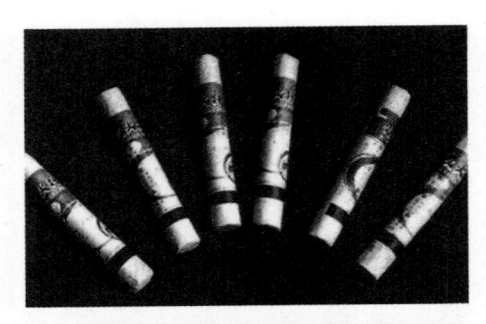

大便秘结初期用生大黄，后期用火麻仁、瓜蒌仁；血虚用首乌、枸杞、阿胶；气虚加黄芪、党参；阴虚加龟板、枸杞、白芍；阳虚加鹿角片、巴戟天、补骨脂；纳差加鸡内金、焦三仙。临证用本方加减，治疗外伤性截瘫疗效显著。

2. 传统中医与现代医学完美结合的典范。富阳张氏正骨第五代传人张玉柱全面继承其父张绍富的治伤接骨技术，成为富阳张氏正骨第五代传承人的代表。在传承先辈经验的基础上，他刻苦钻研，熟读中医典籍，兼学现代医学，把生物力学等现代科学融入传统医学之中，使张氏正骨具有了明显的时代特色，并逐步走向理论化、系统化与科学化。他坚持走"继承与发展、传承与创新相结合"的道路，推崇"传承不泥古、创新不离宗"，在手法整复、百草膏外敷、杉树皮夹板固定治疗骨伤的"治伤三鼎"上，将现代正骨理论与张氏传统医术有机地结合起来，在治疗四肢骨折和脊椎损伤、脑外伤后遗症等方面都有独到之处，医术十分精湛。在近50年的临床实践中，张玉柱逐步形成了较为完整的骨伤诊疗技术与操作规范，同时开展系统的理论总结，完善丰富了张氏正骨手法，总结提出了"张氏正骨十二法"，真正形成了以"整体辨证、手法整复、杉皮固定、内外兼治、筋骨并重、动静结合、功能锻炼"为核心的富阳张氏骨伤学术体系。他的学术思想与临诊特色可概括为五个方面：①诊伤断证上，详释病情，七诊合参；②损伤用药上，顾护脾胃，擅用疏法；③手法整复上，巧用劲力，收骨入位；

④夹板固定上，量身塑形，松紧相宜；
⑤功能锻炼上，动静结合，善用器具。
如今，富阳张氏正骨采用传统中医及中西医结合的治疗手段，在治伤接骨方面独树一帜，在保持与发扬传统骨伤治疗技术的同时，将传统中医与现代医学完美结合起来，特色鲜明。现代医学科学技术的发展赋予了张氏骨伤新的内涵，在巩固提高传统中医药特色优势的同时，不断吸收和利用先进的科学技术和现代化手段。不仅能对复杂的四肢骨干骨折及关节内骨折进行手法与手术治疗，还能进行脊柱、关节、创伤、骨病、肿瘤等复杂疑难病症的治疗，为骨伤患者提供完善、系统的诊疗。

3.张氏骨伤学术体系。在近50年的临床实践中，张玉柱逐步形成了较为完整的骨伤诊疗技术与操作规范，同时开展系统的理论总结，完善丰富了张氏正骨手法，总结提出了"张氏正骨十二法"，真正形成了以"整体辨证、手法整复、杉皮固定、内外兼治、筋骨并重、动静结合、功能锻炼"为核心的富阳张氏骨伤学术体系。为更好地研究与传承张氏骨伤学术思想，他和王人彦主编出版了张氏骨伤专著《富阳张氏骨伤诊疗技术》《张氏骨伤正骨复位与外固定技术》，为张氏骨伤的传承与发展留下了宝贵的资料。

二、核心基因提取与评价

基于对材料的全面、深入分析，得出本文化元素的核心基因："医者仁心、悬壶济世的精神""勤学钻研、博采众长、大胆创新的精神""严格的医德传承""独特的正骨诊疗经验"。

张氏正骨疗法核心文化基因评价依据

评价项目	评价因子	评价依据（特点）	是否
生命力评价	文化基因存续的时间	自出现起延续至今，未曾明显中断	√
		自出现起延续至今，但多次衰微、中断后复兴	
		曾明显衰败，改革开放后开始复兴或历史溯源关键环节缺失，难以考证	
		文化形态主体已灭失，现存部分痕迹	
	文化基因的稳定性	在发展过程中保持相当稳定的状态	√
		在发展过程中存在明显的精神内涵、表现形式剧变	
凝聚力评价	文化基因的凝聚力及社会动员效果	曾广泛凝聚起区域群体的力量，显著推动过社会经济文化的发展	
		曾部分凝聚起区域群体力量，对社会经济文化的发展产生过影响	√
		凝聚过力量，创造过实际的发展动能，但未见对社会经济文化发展产生显著改变	
		仅在历史文献或口耳相传中存在，未见实际介入社会经济发展	

续表

评价项目	评价因子	评价依据（特点）	是否
影响力评价	辐射的范围	具有全国性、世界性的影响力	
		具有长三角区域、浙江省影响力	√
		具有市县、乡镇影响力	
	提炼的高度	已经被古代文人士大夫和当代学者提炼为精神符号和理念理论	
		单纯的样式、造型、工艺技术规范	
发展力评价	与当代精神追求和价值观念的契合	传统文化基因得到创造性转化、创新性发展；区域革命文化基因被完整继承、广泛弘扬；区域社会主义先进文化基因成为与浙江"三个地"相适应的文化高地	
		部分转化、部分弘扬、部分发展	√
		难以转化、难以弘扬、难以发展	

说明：基因特点评价是对解码出来的基因，根据本《导则》表2的要求，围绕"四个力"逐一对表打"√"，进行定性表述

（一）生命力评价

富阳张氏正骨始传于清代，医武结合，故溯其源流，当属异远真人、赵廷海一派的武伤科；根据其以杉树皮小夹板固定为特色，以手法复位、夹板固定、功能锻炼和药物治疗为学术特点，世代相传至张绍富、张玉柱，发展成为闻名江浙的富阳张氏骨伤科。张绍富在前人经验的基础上，勤求古训，博采众长，取人之长，补己之短，大胆创新，在正骨手法、杉树皮小夹板固定方面取得了突破性的飞跃；在内外伤的辨证非手术治疗施治、临床用药上取得了较大的成就；对外伤性截瘫的诊治亦有独到的经验，为世人所公认。

（二）凝聚力评价

新中国成立之初，张绍富将祖传的张氏骨伤疗法，包括所

有的方剂和医技，完整地献给了国家。当时的富阳县政府对此极为珍视，并予以扶持。1954年，张绍富牵头成立了图山乡巡回医疗站，1956年迁至东梓关村，1973年更名为东图医院。至此，张氏骨伤疗法踏上了名扬全国的道路。20世纪六七十年代，东梓关几乎成了张氏骨伤的代名词。东梓关的张氏接骨治伤在省内省外都有名气，杭州至东梓关的轮船几乎成了骨伤病人的专轮。1986年在政府的支持下成立了富阳县中医骨伤科医院。富阳张氏骨伤在保持中医药特色、发扬手法整复传统治疗优势的基础上，引进现代先进的医疗技术，更好更全面地解决患者的疾苦。医院开展各种复杂骨折的内固定术，全膝、全肩置换术，全髋翻修术等手术，使医院已从单一治疗骨创伤疾病扩展到能治疗各种骨、关节病，骨肿瘤和开展严重复合伤的抢救治疗。医院以骨创伤为优势，带动相关学科全面发展，在国内骨伤界、骨科界占据了重要地位。到2011年，医院年门诊量达18万人次，年住院量近7千人次，区域外患者达就诊者的2/3，门诊中医治疗率达90%以上，住院中医治疗率达85%以上，业务收入超2亿元，取得了良好的经济效益与社会效益。

（三）影响力评价

近年来，在张绍富先生长子、浙江省名老中医张玉柱主任中医师为代表的张氏第五代传人的带领下，张氏正骨取得了辉煌的成就，张氏骨伤已发展成理论体系逐步完善、学术内涵不断丰富、治疗效果独树一帜的中医骨伤重要学术流派之一，在国内中医骨伤领域占据了重要地位。通过全面挖掘张氏骨伤的临床正骨经验，总结其治伤特色，尤其是张氏独特的手法整复技术和杉树皮夹板外固定方法，及治伤理法方药应用特点等，形成一套完整的理论体系或经验总结，以便在进行临床诊疗、教学、技术交流、推广应用时能提供一套系统的理论教学资料，从而更进一步发挥张氏骨伤优势，造福更多的骨伤患者；同时使这古老的诊疗技术更具有科学性，更具有可操作性，更利于临床、教学、科研等工作的开展。富阳张氏正骨因其疗效显著，深受患者青睐，吸引省内外及美国、日本等国家的病人前来就诊。富阳张氏正骨多次荣获省、市科技奖励。近年来，富阳中医骨伤医院完成、开展国家中管局、省、市各级科研项目30余项，每年在国家级专业杂志发表论文40余篇，在浙江省以至长三角区域均具有影响力。

（四）发展力评价

中医骨伤科学是祖国医学宝库中的重要宝藏，而正骨手法更是其中精华。通过传承、教学、技术推广、进修、培训班等形式，富阳张氏骨伤诊治经验在富阳市中医骨伤医院及富阳市内其他医院骨伤科，浙江省内杭州、绍兴、丽水、金华、湖州、嘉兴等地市医院中医骨伤科广泛运用，诊治了大量骨伤患者。总结富阳张氏骨伤的经验，有利于对富阳张氏正骨经验的传承、继承，并以此为基础进行临床应用、教学、科研等，进一步发扬与创新传统中医药文化。"医者仁心、悬壶济世、勤学钻研、博采众长、大胆创新的精神"作为富阳张氏正骨的核心基因，与"坚定传承发展中医药的文化自觉与文化自信"精神高度吻合，对当今中医药的发展有指导和借鉴意义，具有良好而强大的发展力。

三、核心基因保存

"医者仁心、悬壶济世的精神""勤学钻研、博采众长、大胆创新的精神""严格的医德传承""独特的正骨诊疗经验"作为张氏正骨疗法的核心基因,文字资料《富阳张氏正骨》等保存于富阳区文化基因解码资料库,另外,出版物和古文古籍有《跌损妙方》。

文澜阁《四库全书》抗战首迁地渔山

富春精粹　富阳文化基因

文澜阁《四库全书》抗战首迁地渔山

修于清乾隆年间的《四库全书》，是中国乃至世界历史上规模最浩大的一套图书集成，是中国古代最大的一部官修书，分经、史、子、集四部，故名四库。全书共收书 3460 多种、79300 余卷、约 8 亿字，涵盖文、史、哲、理、工、医，是一部囊括古今文献的鸿篇巨制。

《四库全书》自清乾隆三十八年（1773）开馆纂修，经十年完成。成书后，乾隆皇帝又令参与编纂和书写者缮写了七部，分别藏于七处，其中一处就是杭州孤山文澜阁。1937 年"七七事变"爆发，日本全面侵华。为了占领上海并迫使南京国民政府投降，日本调集数十万兵力，逐渐向我国江南地区逼近。为使孤山文澜阁中的《四库全书》免受战火涂炭，时浙江省立图书馆馆长陈训慈先生数次至省教育厅求助。然国民党政府腐败，在陈训慈的再三请求下，才勉强下拨三百元。陈训慈只好四处举债，积极筹措运书款。毛养翔在《图书展望》的文章中回忆道："馆长陈叔谅先生恐阁书被炸，即命总务组赶制木箱，准备迁移。七月末，情势日益恶劣，乃决定迁运日期及地点。日期，定于八月四日。地点，决定于富阳渔山石马头村赵宅。"

渔山群山环绕，茂林修竹掩映，地势隐秘。时浙江图书馆馆员夏定域与富阳渔山五爱村富绅赵坤良为挚友，两人商议，将《四库全书》藏于赵氏老宅。1937年的8月1日至3日，全馆职员点书装箱。4日晨，阁书离馆，运往江干装一大船，5日午刻，抵达渔山。

来自渔山各村的数百青壮年挑夫，两人肩抬一箱，将阁书与善本全部藏入赵宅。另有珍本秘藏于赵氏家族某地的"生椁"中。为保护国宝，赵宅全部腾空，楼上楼下全部存放书箱，并部署了安全保卫工作。

"八一三"淞沪会战打响后，杭州等地也屡遭敌机肆扰，渔山的安全问题日益严峻。于是，省总馆决定再迁阁书。1937年12月3日，库书与善本自富阳运抵桐庐。为了解决船重水急，无法上驶的问题，陈训慈找到了竺可桢校长商议对策，后利用浙大迁校的卡车在杭州沦陷之前将《四库全书》搬出杭州，走上了漫长的西迁苦旅。

后来，为了躲避战火，《四库全书》辗转福建、浙江、江西、湖南、贵州，最终抵达重庆青木关。1945年8月，日寇投降后，在陈训慈等三人为常务委员的"文澜阁《四库全书》保管委员会"的妥善筹划下，《四库全书》离开青木关，取道川南入黔，经湘赣入浙，历时近两月于7月5日安抵杭州，重归西湖孤山藏书楼。

在这段漫长而艰辛的西迁旅途中，富阳成为护卫、保存《四库全书》的首站。时迁鼎革，烟云几度，富阳渔山为保护民族文化瑰宝前仆后继、不屈不挠的精神将永载史册。

一、要素分解

（一）物质要素

1. 中华传统文化集成之作——《四库全书》。《四库全书》是中国古代最大的一部官修书和最大的一部丛书，分经、史、子、集四部，共收书3460多种、79300多卷，可以称为中华传统文化最丰富、最完备的集成之作，是中华五千年文明的重要组成部分，是"传国之宝"。《四库全书》共缮写七部，北四阁中，文源阁本毁于1860年英法联军火焚，文渊阁本20世纪40年代移至台北故宫博物院，文津阁本从承德移藏于北京图书馆，文溯阁于20世纪60年代从沈阳故宫移藏甘肃省图书馆。南三阁中，文宗、文汇阁本太平天国运动期间被毁，文澜阁本几经磨难才保存下来。

2.家国破碎、国宝濒危的历史环境。1937年卢沟桥"七七事变"爆发后,日本侵略者的铁蹄在中华大地肆意践踏,一时间烽火连天、硝烟弥漫。日本为了占领上海并迫使南京国民政府投降,调集数十万兵力,逐渐向我国江南地区逼近,南京的国民党政府已在做西迁重庆的准备。彼时,社会上传言,东北沦陷后,日本侵略者将沈阳文溯阁《四库全书》已运往东京,北京宫内的文渊阁和圆明园的文源阁《四库全书》也快要被日本侵略者抢走了。不日,上海、杭州屡遭敌机轰炸,杭州城危在旦夕,藏于孤山文澜阁的《四库全书》随时有被毁或被掠夺的危险。正是在这样残酷的环境下,以浙江省立图书馆馆长陈训慈先生为代表的一批爱国人士毅然开展了漫漫的护卫国宝长征路,为守护中国文化传统、传承华夏文明根脉作出了卓越贡献。

3.全书西迁首站秘藏地——渔山赵宅。在日军侵华,杭州告急的背景下,浙江省立图书馆的夏定域建议将其迁到其家乡富阳渔山石马村的赵家老宅。渔山背倚林峰山,面朝富春江,素有"渔浦江山天下稀"的美誉,是黄公望《富春山居图》的起笔处。赵宅则位于村中部,坐东北朝西南,是一个砖木结构的建筑。它由门店、厢房、正楼组成。通面宽16.3米,进深18.8米,五开间,两坡硬山顶,梁架为穿斗抬梁混合式。1937年8月初,陈训慈一行人用船只将《四库全书》运抵富阳渔山。赵坤良及家人在当地待人和善,号召力强,一声令出,百余村民,肩挑、扛抬,半日竣事。赵家人均已入住新屋,阁书入老宅,浙图职工住在老宅,吃饭则到新屋。一切日用供应,赵家莫不周全。

(二)精神要素

1.无私奉献的爱国情怀。1937年,中华民族处于十分危难的关头,每一个中华儿女,都以满腔热血及愤怒,用自己的方式积极地投入抗战。杭州文澜阁的《四库全书》是国宝级的文物,为躲避抗战时期日寇的一场浩劫，开始了8年又11个月的长途西行，在浙江大学竺可桢校长大力支持下，在浙江省立图书馆馆长、浙大教授陈训慈先生亲自指挥下，浙图馆员和浙大师生、杭州艺术专科学校学生，从省城到各地的民众教育馆和民教学校及有良知的阁书西迁沿线的社会各界人士一起不遗余力、誓死护书，辗转近2500公里，历经千难万险，最后安全返乡。这无疑是一次文献长征。在富阳，渔山人民腾出房子藏《四库全书》，用肩膀挑库书，用背扛国宝，体现了渔山老百姓无私奉献、敢于担当的精神和崇高的爱国情怀。

2. 崇文重教的地域传统。1937年抗战全面爆发，日本侵略者对《四库全书》虎视眈眈，杭州文澜阁《四库全书》处境艰危。时任浙江省立图书馆馆长的陈训慈召集图书馆员商议，提出寻找《四库全书》转移地点的议题。时任古籍部主任的夏定域建议搬到富阳渔山石马头村。他认为，富阳自古以来民风淳朴，文化昌盛，有崇文重教的历史传统。同时，他的老乡赵坤良任《东南日报》编辑，是个对祖国传统文化事业极为热心的人，非常适合作为此次转移工作在当地的接头人。当得知将《四库全书》藏在自家老宅时，赵坤良毫不犹豫地答应了。船到码头后，20多岁的赵坤良和村里的青壮年一起去江边挑书。热心、纯朴的当地百姓重视文化，深知书籍的重要价值。他们肩挑手提，将船上二百多箱书籍从渔山码头搬到石马头村。后因战事吃紧，还把要紧的几箱书藏到村口王家山上的墓穴里。至今，赵坤良的儿子赵志基依然记得父亲对他说的话："这是国宝，长大以后，你就会懂得它有多珍贵。"《四库全书》首迁地落址富阳渔山，与当地崇文重教的传统有密切关系。

二、核心基因提取与评价

基于对材料的全面、深入分析,得出本文化元素的核心基因:"全书西迁首站秘藏地——渔山赵宅""无私奉献、崇高的爱国情怀""崇文重教的地域传统"。

文澜阁《四库全书》抗战首迁地渔山核心文化基因评价依据

评价项目	评价因子	评价依据(特点)	是否
生命力评价	文化基因存续的时间	自出现起延续至今,未曾明显中断	√
		自出现起延续至今,但多次衰微、中断后复兴	
		曾明显衰败,改革开放后开始复兴或历史溯源关键环节缺失,难以考证	
		文化形态主体已灭失,现存部分痕迹	
	文化基因的稳定性	在发展过程中保持相当稳定的状态	√
		在发展过程中存在明显的精神内涵、表现形式剧变	
凝聚力评价	文化基因的凝聚力及社会动员效果	曾广泛凝聚起区域群体的力量,显著推动过社会经济文化的发展	√
		曾部分凝聚起区域群体力量,对社会经济文化的发展产生过影响	
		凝聚过力量,创造过实际的发展动能,但未见对社会经济文化发展产生显著改变	
		仅在历史文献或口耳相传中存在,未见实际介入社会经济发展	

续表

评价项目	评价因子	评价依据（特点）	是否
影响力评价	辐射的范围	具有全国性、世界性的影响力	√
		具有长三角区域、浙江省影响力	
		具有市县、乡镇影响力	
	提炼的高度	已经被古代文人士大夫和当代学者提炼为精神符号和理念理论	√
		单纯的样式、造型、工艺技术规范	
发展力评价	与当代精神追求和价值观念的契合	传统文化基因得到创造性转化、创新性发展；区域革命文化基因被完整继承、广泛弘扬；区域社会主义先进文化基因成为与浙江"三个地"相适应的文化高地	√
		部分转化、部分弘扬、部分发展	
		难以转化、难以弘扬、难以发展	

说明：基因特点评价是对解码出来的基因，根据本《导则》表 2 的要求，围绕"四个力"逐一对表打"√"，进行定性表述

（一）生命力评价

以陈训慈为代表的一众爱国知识分子和民众共同完成了辗转近 2500 公里的文献迁徙壮举，功在千秋，百世流芳。他们的精神和情怀与当前留存的藏书的赵宅、墓穴和运书的石板路共同构成了《四库全书》首迁地文化元素，代代传承，为人民所熟知，具有强大的文化生命力。

（二）凝聚力评价

文澜阁《四库全书》抗战苦旅所表现出来的不仅仅是一代图书馆人无私的奉献精神、敬业精神，而且已经上升到爱国情怀，上升到民族精神。这一精神力量在中华民族万分危难的时刻凝聚起一个以知识分子为主导、民众共同参与的临时性团体，保护了中华民族的文化瑰宝，守护了民族文脉，显著地推动了

当地文化事业的发展。

（三）影响力评价

《四库全书》可以称为中华传统文化最丰富、最完备的集成之作，是中华五千年文明的重要组成部分，是"传国之宝"。陈训慈精心呵护文澜阁《四库全书》，使这一国宝免遭损失的壮举，是全国多家图书馆在抗战中艰难而悲壮内迁的一个典型事例，具有全国性的影响力。

（四）发展力评价

三大核心基因作为富阳地区革命文化基因，被完整继承、广泛弘扬。杭州文澜阁《四库全书》2000多公里抗战历史，呈现出以陈训慈为代表的一批优秀知识分子、富阳渔山民众的优秀精神品质。近年来，作为抗战时期《四库全书》藏书地，富阳区渔山乡和五岭村提出了以"烽火护宝，爱我中华"为主题的红色文化参观点。可见，文化基因在当地的文旅事业发展中有广泛的应用和发展前景。

三、核心基因保存

"全书西迁首站秘藏地——渔山赵宅""无私奉献、崇高的爱国情怀""崇文重教的地域传统"作为文澜阁《四库全书》抗战首迁地渔山的核心基因，文字资料、出版物有《文澜阁四库全书战时播迁纪略》《图书展望》《文澜阁四库全书战时初迁富阳渔山记》《掠夺了的文化——战争和图书》《富春渔山赵氏家谱》等，藏书的赵宅、搬运书箱的石板路、存放部分书箱的墓穴、西迁首站稻草人群雕主题展示区等实物资料位于富阳区渔山乡。

"浙江文化基因丛书"后记

浙江濒海多山，古为百越之地，地少民贫。先民断发文身，披荆斩棘，筚路蓝缕，艰苦创业，卧薪尝胆，徐图自强，始稍为中原所识。山海情怀，越地长歌，独特的地理人文环境孕育出浙江艰苦奋斗、励精图治、百折不挠、勇攀高峰的地域文化性格和兼容并包、发展创新的人文精神。因以鸟虫篆、《越人歌》为表征的楚越文化交融和徐偃王流亡越地、勾践北上争霸等历史事件的发生，越地逐渐融入中原文明。及至东晋衣冠南渡，中原贤良缙绅避乱会稽，兰亭雅集、永嘉诗会，王谢风流所及，中原文化和越文化相互碰撞融合，这片神奇的土地在吸收大量中原先进文化基础上，生发出更多独具特色、丰富璀璨的文化颗粒，散点分布于浙江的山山水水之间。

隋唐以降，一条大运河通到钱塘，凡所流经之县域，皆成人文渊薮。浙东唐诗之路，如明珠嵌璧；越窑青瓷，千峰翠色风靡长安。浙江依托这条水上"高速公路"迅速崛起，在经济高效快速地融于全国的同时，也向全国展现了别样精彩的浙江文化，对中原产生巨大影响。唐末五代中原战乱之际，吴越国钱王保境安民，举世惶惶而越地独安，浙江又一次成为全国士子避祸传学之地，浙江的原生文化和中原文化水乳交融，极大地提高了浙江的人文学术水平。及至南宋定都临安（今浙江杭州），孔裔迁衢，杭州乃至浙江逐渐成为中华文化传承发展中心、全国的文化学术高地。有元一代，人文日渐凋敝，而浙江独领风骚。湖州赵孟頫成为有元一代赓续中华文脉之砥柱。赫赫有名的"元四家"，黄公望（常熟人，曾隐居富春）、王蒙（湖州人，曾隐居临平）、吴镇（嘉兴人，曾卖卜钱塘）、倪瓒（无锡人，曾浪迹太湖）在学习传承赵孟頫的文化艺术精髓基础上，各显其能，自成面目，为传承发展中华文化艺术作出了卓越贡献。明清以来，浙江士林，更为全国翘楚，文化勃兴，领袖群伦。浙江文脉渊深，有容乃大，继承发展，才俊迭起。事功之学、阳明心学、浙东学派、南戏越剧、《古文观止》、丝瓷茶剑、西泠印社、兰亭雅集等，更是中华文化中耀眼的明珠。浙东音声，渐如潮涌；黄钟大吕，照灼云霞。

晚清时期，中华危亡。辛亥鼎革，浙江文化所孕育的优秀儿女更是为中华千古未有之变局作出了重要贡献，秋瑾、徐锡麟、蔡元培、章太炎、鲁迅等，允文允武，可歌可泣，数不胜数。为全面赶上世界发展，全省各地掀起了重视文教事业、培养人才、发展经济的高潮。各类藏书楼、图书馆、新式院校纷纷创设，浙江人又一次发扬卧薪尝胆、奋力赶超的浙江精神，使浙江成为当时全国省域文化发达、人才众多的省份。

新中国成立后，浙江人励精图治，无论干部还是群众，都本着务实精神，立足现状，踔厉前行。即便在"文革"时期，浙江的经济、文化发展水平都显著好于其他兄弟省市，这和浙江人文内核的务实精神和文化基因的原生动力息息相关。改革开放以来，浙江更是勇做弄潮儿，充分发挥"四千精神"，培养人才，发展经济，以全国陆域较少、自然资源缺乏的省份，一举成为名列前茅的文化大省、经济强省。

历数千年，浙江以落后的山林草野原生文化，不断与吴楚和中原文化交融互鉴，融合创新，发展壮大，绝非历史偶然。浙江以其独特的文化基因和历史面貌正引起国内外专家学者的广泛兴趣，以期通过对浙江文化的研究来更好地理解中华文明，为中华文明的伟大复兴寻径探源，通过解析全省多点、散点分布的各类文化颗粒和文化价值观、文化形态、文化载体，系统研究、条分缕析在地文化基因和独特的文化原动力。构建中国文化基因理念体系，挖掘文化遗产背后蕴含的哲学思想、人文精神、价值观念、道德规范，是一项新课题、新任务。浙江在推动高水平文旅融合、建设共同富裕示范区的进程中，以解码文化基因为切入点，为构建中国文化基因理念体系提供地方经验。

研究浙江文化基因，就是对披着传统文化外衣的各类庸俗低俗的迷信活动加以甄别，科学分析，正本清源。以挖掘、激活浙江的优秀文化基因为抓手，推进文旅深度融合；有机整合乡村文化礼堂、农家书屋、场馆院团、城市书房等城乡文化资源，丰富群众文化活动。拓展新型公共文化空间，持续推动优质文化资源直达基层。为人民群众创造一个良好的文化大环境，强化文化自觉和文化自信；为浙江文化高质量传承发展厘清路径，为新时代浙江发展优秀的社会主义先进文化打好基础。文化兴则国运兴，文化强则民族强。文化基因的研究以及激活应用是浙江建设文化强省的重要切入点，是民智之本、百年大计。

我们要深入学习贯彻党的二十大精神和习近平文化思想，全面挖掘和激活浙江文化基因，推动新时代中国特色社会主义文化建设。以高质量发展为目标、融合发展为重点，紧扣激活优秀文化基因、提供优秀文化产品这个中心，厚植浙江经济社会发展文化软实力。

2024年1月，全省宣传思想文化工作会议提出，要全面贯彻习近平文化思想。浙江作为文化大省，肩负起新时代文化使命，在优秀传统文化的传承发展领域开展了积极的探索。我们要不断学习贯彻习近平总书记关于中华优秀传统文化的重要论述和关于文明交流互鉴的重要论述，让文化基因的研究成果走入校园、走进课堂，成为鲜活的爱国主义教育载体、生动的"课程思政"教育实践、开放的当代青少年国际视野素养培育抓手。将浙江文化基因研究成果制作成微视频"浙江文化基因"课程（双语），通过教育信息技术实现从碎片到整体、从实地到课堂、从单一到系列的 MOOC/SPOC 转换，实现浙江文化基因在青少年群体中的代际传递，助力文化基因融入当代、植根青年，实践出一条富有浙江特色的文化传承发展新路径，为中国"培养社会主义建设者和接班人"这一宏伟目标服务。

若有所成皆非易，凝心聚力要躬行。各地课题组在当地乡土专家和各地高校文史专家的鼎力协助下，进深山到大海，调研足迹遍布海澨山陬。通过田野调查、走访座谈、查阅历史卷宗、参考海量文献，历时五年形成的研究成果，凝聚了全省各地众多专家学者和乡土文化耆老的心血，他们为浙江的文化事业作出了很大贡献。致敬他们文化溯源的热忱，学习他们极深研几的精神，真诚感谢他们无私奉献的情怀。由于篇幅有限，涉及面广，无法一一详列参与者，在此一并致谢！

吴　越
甲辰年秋于杭州